# So werde ich ein Star

Von André Kauth

**Buchbeschreibung:**

Das Buch „So werde ich ein Star" enthält clevere Tipps und Tricks, um nach oben zu kommen. Gleichzeitig warnt es den Leser vor überhöhten Erwartungen. Verblüffend sind die vielen Möglichkeiten, die es gibt, ein Star zu werden. Egal aus welchen Bereichen die Star-Aspiranten kommen. Fast jeder trägt irgendein Talent in sich und hat damit auch Chancen. Dieses Buch ist mehr als eine Grundausstattung für eine außergewöhnliche Karriere. Es ist das erste Sprungbrett vor dem ganz großen Durchbruch.

# So werde ich ein Star

## Clevere Tricks um nach oben zu kommen

Von André Kauth

2. Auflage, 2021

© 2021 Alle Rechte vorbehalten.

Herstellung und Verlag:

BoD - Books on Demand,  Norderstedt

ISBN: 978-3-7534-0313-7

# Inhaltsverzeichnis

# Kapitel 1

**Aufstieg und Fall liegen dicht beieinander.**

Viele Menschen träumen von einer großen Karriere, aber schon ein altes Sprichwort sagt: „Vor den Erfolg haben die Götter den Schweiß gesetzt". Wie wahr!

Wer träumt nicht von einer großen Karriere? Und wer möchte nicht ein berühmter Star werden, den man auf dem roten Teppich bejubelt? Wie würden Sie sich im Blitzlichtgewitter, umgeben von Reportern, Kameras und Zehntausenden von Fans fühlen? Oder mit Ruhm und Ehre, Bekanntheit auf allen Kanälen und im Blätterwald?

„Ich bin ein Star!" – wow. Das klingt doch berauschend.

Zahlreiche Casting-Shows schießen wie Pilze aus dem Boden und werden von einer Unterhaltungsindustrie „produziert", die damit ganze Formate, Serien und TV-Programme füllt – und eben unaufhaltsam neue Stars und Sternchen hervorbringt.

Es ist mittlerweile ein Millionengeschäft und es gibt sicherlich große Talente. Viele würden ohne diese Formate – wie immer man dazu stehen mag – nie die Chance bekommen sich zu beweisen. Aber nicht nur das große Showbusiness bringt ständig neue Stars und Sternchen auf den Markt, sondern auch der Sport, die Politik und alle möglichen Talent-Shows – und eben Zufälle. Manche Leute wundern sich sogar, warum sie gerade eine solche Berühmtheit erreicht haben. Heutzutage hat man schnell Millionen Fans. Man muss authentisch, witzig, kreativ sein und den Willen zum Erfolg haben.

In der heutigen Zeit ist es relativ einfach, ein Star zu werden. Jüngste Beispiele sind der kanadische Teeny-Sänger Justin Bieber und die ebenfalls aus Kanada stammende Sängerin Carly Rae Jepsen. In Windeseile wurden sie über das Videoportal YouTube™ zu Senkrechtstartern in der Musikbranche und haben sich von null auf Platz eins gesungen. In den Charts stehen sie ganz oben und verkaufen Millionen CDs, sind dadurch schon früh Millionäre geworden. Deren Beispiel zeigt, wie schnell man heute mit originellen Ideen – und Talent natürlich – von null auf hundert ganz schnell ein Star werden kann. Ein kreatives Video ins Internet gestellt, und schon erreicht man in Sekunden um den Erdball herum ein Millionen-Publikum.

So ist auch der koreanische Rapper „Psy" mit einem „Pferde-Tanz" (Gangnam Style) schnell zu einer Berühmtheit geworden. Über eine Milliarde Fans klickten sein Video inzwischen an. UNO-Generalsekretär Ban Ki-moon tanzte ebenso mit ihm wie US-Präsident Barack Obama. Oder nehmen wir das englische Manga-Püppchen „Venus Angelic". In ihrem Kinderzimmer machte sie sich wie ihr Manga-Vorbild zurecht und tanzte in Manga-Art vor der Videokamera. Sie stellte den witzigen Streifen auf YouTube™ ins Internet. In Nullkommanichts hatte sie über fünf Millionen Fans – vornehmlich in Japan, dem Ursprungsland der Manga-Kultur. Clevere Werbemanager in Fernost erkannten schnell ihren Werbewert und luden sie nach Japan ein. Dort tanzte sie vor Zehntausenden und bekam prompt lukrative Werbe-Verträge. Sogar der deutsche Silbermedaillen-Gewinner bei den Olympischen Spielen in London am Barren und im Mehrkampf sowie Europameister, wunderte sich plötzlich über 500.000 Fans in Hongkong. Er ist Sohn eines vietnamesischen Vaters und einer deutschen Mutter – wahrscheinlich lag es daran und natürlich an seiner Bekanntheit in den Medien durch sportliche Erfolge. Da er obendrein ein ganz attraktiver, sympathischer junger Mann ist, kam eins zum anderen.

**Aber:** Das Leben als Star hat auch seine Schattenseiten. Und nicht alle können mit dem plötzlichen Ruhm gut umgehen. Es gibt genügend Beispiele gescheiterter Stars, denen ihr plötzlicher Ruhm zu Kopf gestiegen ist oder die ihren schnellen Reichtum verpulvert haben. Wer Star werden will, muss sich auch darauf gut vorbereiten, damit man die Bodenhaftung nicht verliert. Es gibt gerade genau negative Beispiele gescheiterter Stars. Sie landeten schnell ganz oben in den Charts, aber auch ebenso schnell wieder in der Versenkung. Es gibt so viele Bereiche, in denen man ein Star werden kann. Allen gemeinsam ist, dass Sie schon irgendein Talent besitzen müssen. Einfach nur so das Verlangen haben - Star zu werden - geht nicht. Sie müssen nicht perfekt sein. Es gibt zahlreiche talentierte Stars, die sehr hart für ihren Erfolg kämpfen mussten. Ein entscheidender Punkt gehört dazu: Sie brauchen den unbedingten Willen zum Erfolg - und eine Vision und ein Ziel. Träumen Sie also nicht ein Leben lang, sondern leben Sie endlich Ihren Traum! Dann könnte es auch bei Ihnen funktionieren. Sie sind auf dem besten Weg, denn dieses Buch bringt Sie in die richtige Spur. Hier erfahren Sie, wie Sie Ihr Leben grundlegend ändern können und wie Sie Ihre Talente nutzen. Doch Sie müssen eine große Portion Ehrgeiz und Willen aufbringen; denn wie sagt ein altes Sprichwort: „Ohne Fleiß kein Preis." Und Fußballgötter fallen bekanntlich nicht vom Himmel. Letztere brauchen bekanntlich auch ein gewisses

Talent. Es gibt aber auch Fußballer, die kein ausgeprägtes Talent hatten und es mit Fleiß, Willen und Ehrgeiz kompensiert haben. So haben es viele von ihnen auch ganz nach oben geschafft.

# Kapitel 2

## Welche Voraussetzungen brauchen Sie?

Um ein Star zu werden, brauchen Sie erst einmal ein paar **persönliche Voraussetzungen**. Denn wenn Sie völlig unmusikalisch sind, vergessen Sie bitte ganz schnell den Gedanken daran, die Bühnen der Welt zu rocken. Selbst wer eine gute Stimme hat, muss sie später immer wieder und hart trainieren, um perfekt und einfühlsam zu singen. Und gute Stimme heißt nicht gleich, dass sie auch zur Karriere reicht. Wie viele Möchtegern-Stars sind in den Casting-Shows der Welt kläglich gescheitert! Auch, weil sie an Selbstüberschätzung litten oder völlig schmerzfrei waren. Selbst wer Talent hat, für den reicht es oft nicht zum Supertalent. Oder wenn Sie keine Ahnung von Fußball haben oder null Talent, träumen Sie nicht davon, ins Stadion zum Endspiel der Fußball-WM einzulaufen. Da können Sie noch so viel trainieren, das klappt nicht. Und darum sind bestimmte Voraussetzungen erst einmal Bedingung dafür, ein Star zu werden. Welche Voraussetzungen Sie einmal bei sich selbst abklopfen sollten, erfahren Sie im Folgenden.

Sie brauchen ein paar Grundtugenden wie Disziplin, Konsequenz, Steher- und Nehmer-Qualitäten, einen starken Ehrgeiz und eben den unbedingten Willen zum Erfolg. Nicht zu früh aufgeben, Niederlagen verkraften und aus ihnen lernen, sein einem nicht zu schnell die Puste ausgeht und Sie sich übernehmen, sind weitere persönliche Voraussetzungen; gute Berater, ein aufmunterndes Umfeld, das einen auf dem Weg zum Ziel immer wieder bestärkt, sind zusätzliche „**personal skills**" (persönliche Fähigkeiten), wie der Fachmann sagt.

Schulterklopfer die meinen Sie in ihrem Vorhaben zu bestärken, obwohl es keinen Sinn macht, brauchen Sie am wenigsten. Hören Sie lieber auf die Menschen die es ehrlich mit Ihnen meinen, und Sie auch mal kritisieren und die Wahrheit sagen, wo es angebracht ist.

**1.** Erste Voraussetzung ist also ein **Talent**. Ohne irgendetwas, dass Sie besonders gut können, das Ihnen quasi die Natur in die Wiege gelegt hat, geht es halt nicht. Sie müssen etwas besser können als die anderen; oder es muss Ihnen etwas leichter fallen, zu erlernen, als den meisten anderen. Auch das ist schon ein Talent. Mancher Mensch entdeckt, dass es ihm unwahrscheinlich leicht fällt, fremde Sprachen zu erlernen. Wenn er dieses Talent erkennt und es ausnutzt, kann er zum Sprachgenie werden. Ein Star in Sprachen ist zum Beispiel bei internationalen Organisationen wie UNO Oder EU sehr gefragt und wird hoch bezahlt. Warum? Weil es heutzutage zu wenig Nachwuchs gibt. Viele nehmen an Sprachen einfach nur das mit, was sie gerade für den Job brauchen und konzentrieren sich auf Wirtschaft, Ingenieurwesen oder andere Fachrichtungen. In unserer global ausgerichteten Wirtschaft werden leider immer noch Sprachkenntnisse vernachlässigt – leider auch deswegen, weil Suchmaschinen Übersetzungen vereinfachen oder Smartphones gar per Sprache übersetzte Brocken ins Ohr Flüstern. Das führt auf Dauer zur digitalen Demenz, denn wir verlassen uns auf die Technik und nutzen nicht mehr unsere Talente. Wir heben also quasi diesen Schatz gar nicht mehr aus dem Verborgenen. Deshalb gilt es,

Talente zu erkennen und sie zu pflegen. Nur so werden Sie zum Star. Und man muss sein Talent gewinnbringend einsetzen oder von **Fachleuten vermarkten** lassen.

**2.** Zweitens der unbedingte, dauerhafte **Wille**. Wer nicht will, erreicht nichts im Leben: keinen Verzicht auf Zigaretten, Alkohol und Drogen, keine schlanke Figur, keine Traumfrau oder den Top-Job – und eben auch nicht, ein Star zu werden. Sie müssen schon wollen. Nur Beharrlichkeit führt zum Erfolg, wie so viele Stars bewiesen haben. Die deutschen Formel-1-Fahrer Michael Schumacher und Sebastian Vettel haben ihre Ziele Weltmeister zu werden, u. a. dadurch erreicht, dass sie Willen und Biss hatten. Das Gleiche gilt für die bekannten Tennis-Asse, Fußballer und andere Stars. Ohne festen Willen wären sie nicht die Stars, die sie heute sind. Willen hat auch etwas mit wollen zu tun. Das erfordert eine stabile Persönlichkeit mit positivem Selbstwertgefühl und einer gehörigen Portion Selbstbewusstsein. Wer als kleines Kind schon einmal berühmter Pianist oder Geigerin werden will, muss eine Vorstellung davon haben – genauso wie der kleine Junge, der einmal Welttorwart werden will. Nun gut, manche Wünsche und der Wille zur Verwirklichung sind durch beispielhafte Eltern positiv vorgelebt. Im Prinzip nehmen wir alle, oder zumindest die meisten von uns, ja ein Vorbild an unseren Eltern und wollen genau das erreichen, was auch sie geschafft haben.

Doch manchmal sehen allzu ehrgeizige Eltern auch ihren Job, Kinder zu Stars zu machen, allzu verbissen – zum Leidwesen des Nachwuchses. Im Grunde sollen hier die Kinder das erreichen, was die Mütter oder Väter nicht geschafft haben. Das Kind muss immer aus eigenen Stücken einen eigenen Willen entwickeln, nur so ist es auch selbst davon überzeugt. Nicht umsonst müssen wir Heranwachsende ihre eigenen Erfahrungen sammeln lassen, selbst wenn wir wissen, dass manche Ideen nicht erfolgreich sind. „Ich weiß zwar, dass es nicht klappt, aber versuche es doch einfach mal. Du musst es selber erleben, sonst läufst Du immer Deinen vermeintlich verpassten Chancen hinterher!" Wenn wir einfach alles glauben müssten, was uns die Erwachsenen aus ihrer Erfahrung vorsetzen, werden wir unserer eigenen Findung beraubt und sind vielleicht häufig auch gefrustet.

Eltern die ihren Kindern alles abnehmen, erziehen diese automatisch zu Unselbständigkeit und tun ihrem Nachwuchs damit keinen Gefallen. Diese haben es im Erwachsenenleben automatisch schwerer.

**3.** Daraus folgt drittens der **Ehrgeiz**. Wer keinen Ehrgeiz besitzt, wird nie hart genug an sich selbst arbeiten, um ein großer Star zu werden. Dabei sollten Sie nicht verbissen wirken, sondern der Ehrgeiz muss Ihnen Spaß machen – wie ein sportlicher Wettbewerb, in dem Sie eine Medaille oder Urkunde gewinnen. Ehrgeiz sollte Sie selbst nicht überfordern, sondern nur Ihrem großen Ziel „Star" zum Erfolg verhelfen. Übertriebener Ehrgeiz setzt Sie unter Druck. Gesunder Ehrgeiz dagegen ist der Top-Treibstoff in Ihrem Körper, der richtige Beschleuniger sozusagen.

**4.** Viertens ist **harte Arbeit** gefragt. Natürlich muss hart arbeiten, wer ein Star werden will. Manche Menschen haben bessere Voraussetzungen, um ein Star zu werden. Sportler sind entweder von Natur aus muskulös oder müssen es sich in harter Arbeit antrainieren. Zahlreiche andere Beispiele belegen das: Ein Talent allein oder attraktives Aussehen reichen nicht aus. Sie müssen zusätzlich hart arbeiten. Das Leben als Star ist keinem in den Schoß gefallen. Blättern Sie mal in den Lebensläufen berühmter Menschen, und Sie werden feststellen, wie hart sie gekämpft haben. „Michael Jackson", der legendäre „King of Pop", wurde von seinem Vater laut Medienberichten zum Erfolg getrimmt, um es einmal sanft auszudrücken. Eltern sollten allerdings unbedingt darauf achten, dass der Nachwuchs auch Spaß daran hat. Und selbst wenn Sie erfolgreich sind, müssen Sie weiter hart arbeiten. Erfolg können Sie nicht konservieren; der muss ständig neu verdient werden. Wer meint, sich auf Erfolg ausruhen zu können, ist auch schnell wieder weg vom Fenster. So hart die Arbeit auch sein mag, das positive Fazit ist: **Sie können alles erreichen!** Sie müssen dafür nur hart genug arbeiten und kämpfen – und daran glauben, immer positiv eingestellt sein. Die Kraft positiver Gedanken versetzt bekanntlich Berge.

**5.** Fünftens kommen die eiserne **Selbstdisziplin**, die Konsequenz, der persönliche Charakter, die eigenen Tugenden hinzu. Das Schlimmste ist, wenn Menschen erkennen, dass sie Talent haben und meinen, das sei es nun. Talent ohne Selbstdisziplin geht nicht. Die sprichwörtlichen preußischen Tugenden wie Pünktlichkeit, Beharrlichkeit, Genauigkeit, Korrektheit, Loyalität oder Ehrgeiz und Charakter sind für ein Leben als Star unerlässlich. Wer die nicht hat, wird schnell untergehen. Mit schlechtem Charakter ist Ihr Ruhm sehr vergänglich. Das durchschauen die Medien schnell, die sich auf Stars stürzen. Eiserne Disziplin gegen sich selbst ist schon eine Grundvoraussetzung. Wer nicht pünktlich zum Training erscheint, seine Gesangsprobe nicht ernst nimmt, nicht für seinen Auftritt übt, wird es nach ganz oben schwer haben. Sammeln Sie systematisch Erfahrungen und bauen sich Ihre Karriere auf, etwa so: Gefällt Ihnen oder Ihrem Kind in der Schule das Fach Deutsch und haben Sie oder Ihr Kind Spaß daran, auf der Bühne zu stehen, führt Ihr erster Weg in die Theater-AG. Verbessern Sie Ihren Auftritt und feiern da schon Erfolge. Machen Sie hier schon Bekanntschaft mit Lampenfieber, Auftritt vor Publikum, Darstellung unterschiedlicher Charaktere und Figuren, schwierigen Szenen wie dem ersten Kuss auf der Bühne oder im Film, Selbstinszenierung und was sonst alles noch dazu gehört. Dann schauen Sie sich nach Kursen in Ihrer Volkshochschule um; spielen Sie in Laien-Theatern mit. Gepaart mit dem passenden (Literatur-) Studium und Zusatzkursen in Sprachschulen, bei Dramaturgen oder Choreografen führt Ihr Weg direkt zur Schauspielschule.

Ob Sie dann auf der Bühne eines großen Theaters stehen oder zum Film wechseln, wird sich irgendwann ergeben. Viele gute Schauspieler sind den klassischen Weg übers Theater gegangen. Das war und ist immer eine gute Schule. Sie sehen also: Talent muss behutsam weiterentwickelt werden. Die großen Schauspielerinnen und Schauspieler betonen immer wieder, was ihnen die Bühne und das Theater bedeuten. Einige kehren auch dahin wieder ganz zurück.

**6.** Sechste Voraussetzung sind die **Steher- und Nehmer-Qualitäten**. Auf dem Weg zum ganz großen Star fällt man öfter mal hin. Wer nicht aufsteht, bleibt unvollendet dort liegen – und das war´s dann mit dem Star. Ein Sprichwort sagt: „Du darfst des Öfteren hinfallen, Du musst nur immer wieder aufstehen". Man muss einstecken können und seine Fehltritte klar analysieren. Wir erleben es immer wieder in den zahlreichen Casting-Shows des deutschen und internationalen Fernsehens, dass beharrliche Kandidaten immer wieder kommen. Nicht unbedingt entwickeln sie sich dabei weiter, aber es gibt auch positive Erscheinungen. Wer in der ersten Show versagt hat, erweckt Jahre später – gereift und stark verbessert – manchmal seinen „Wow-Effekt". Wer nur schlecht Niederlagen verkraftet, ist für dieses Geschäft zu zart besaitet und wird schnell unter gehen. Man muss trotz Niederlage stehen bleiben und einstecken können. Jede Niederlage sollte Sie anstacheln, erneut aufzustehen. Wer nie Niederlagen erlebt hat, kann auch nicht wirklich gewinnen. Bis zur letzten Minute muss man hoch konzentriert weiterarbeiten und aus vor allem aus Niederlagen lernen. Kurz: Wer einstecken kann, hat beste Chancen, ein Star zu werden.

**7.** Und dann folgt siebtens ein gutes **motivierendes persönliches Umfeld**.

Allein- und Einzelkämpfer haben es oft schwer, rennen allzu oft gegen eine Wand. Man braucht Mitstreiter und ein starkes Umfeld, das einen in der Niederlage auffängt. Sie benötigen gute Ratgeber auf Ihrem Weg zum Star. Es kommen zwangsläufig Durststrecken; Sie brauchen Menschen, die Sie aufmuntern, um aus einem Tief zu kommen und verlässliche Freunde. Nur Außenstehende können Sie richtig justieren und auf Kurs bringen. Die sprichwörtliche Betriebsblindheit hindert Sie manchmal daran, Kurs Richtung Star zu halten. In der Niederlage ist ein solches Umfeld besonders wichtig. Sie sind der einsamste Mensch, wenn Sie ein Spiel oder einen Auftritt vergeigt haben. Dann brauchen Sie jemanden, der Sie in den Arm nimmt, auf die Schulter klopft oder Sie wieder aufbaut. Die richtige Analyse,

Konsequenzen daraus und den Plan fürs Weitermachen schaffen nur engste Freunde, persönliche Berater, vertrauensvolle Begleiter. Nochmals: „Finger weg von den sogenannten Schulterklopfern. Die sonnen sich in ihrem Kreis und sind schnell verschwunden, wenn es mit dem Erfolg nicht klappt".

**8.** An achter Stelle ist die **eigene Kondition** nicht zu vernachlässigen, was wiederum eine gewisse Fitness vom zukünftigen Star verlangt. Als Star haben Sie viele Auftritte, sind manchmal rund um den Globus unterwegs, leben oft aus dem Koffer, sind nicht zu Hause, sondern in Hotels. Sie reisen viel und stehen ständig auf anderen Bühnen oder kämpfen in anderen Sportstätten. Und vor Tausenden von Besuchern bis zu zwei oder gar drei Stunden ein Programm zu gestalten, ein Fußballspiel zu durchstehen, zu Tanzen oder zu zaubern ist wie Hochleistungssport – und das nicht mal eben nur in einem Sekunden-Moment, wenn Sie als Hochspringer über die Latte jumpen, wobei auch diese Kurzmomente sehr hart erarbeitet wurden, um diese auf den Punkt genau abzurufen. **Star** zu sein **ist Spitzensport**, auch wenn es nur geistig ist, etwa als Schach-Großmeister.

**9.** Ferner müssen Sie als neunte persönliche Voraussetzung auf viele Dinge verzichten können, die Sie Ihrem Ziel „Star" unterordnen – wie etwa Party, Vergnügen, Abhängen mit Freunden und so weiter. Es darf Sie nicht neidisch machen, was andere können und dürfen, wofür Sie keine Zeit haben. Die anderen haben aber auch kein Ziel und wollen nicht Star werden, sind aber neidisch auf Sie, wenn Sie es geschafft haben und im Rampenlicht stehen, Ruhm und Ehre genießen sowie viel Geld haben. Sie gehen

Ihren Weg und sind dabei (leider) auch ein Stück einsam, weil die Wenigsten das gleiche vorhaben.

**10.** Zehntens sind **geistige Fitness** und Schlagfertigkeit, Souveränität, Gelassenheit und eine gewisse Coolness für den Job als Star unbedingte persönliche Voraussetzungen, wobei Sie das trainieren können. Sie müssen das nicht gleich komplett fertig mitbringen, aber sich darauf einstellen, dass Sie daran arbeiten. Sie stehen plötzlich in der Öffentlichkeit und sollen vor Mikrofonen und Kameras agieren und auf den Punkt reagieren. Im Motorsport oder Tennis zum Beispiel müssen Sie international agieren, also sollten Sie **Englisch sprechen** können. Star-Karrieren sind mehr und mehr auch Karrieren in fremden Ländern. Also müssen Sie sich international verständigen können. Auch darauf gilt es sich vorzubereiten.

**11.** Last but not least sollten Sie gegen **Star-Allüren** gewappnet sein. Auch das gehört zu den persönlichen Voraussetzungen. Schlagen Sie gerne mal über die Stränge? Flippen Sie schon mal leichter aus? Könnte Ihnen plötzlicher Ruhm schnell zu Kopf steigen? Dann seien Sie vorsichtig, unbedingt ein Star werden zu wollen. Denn das sind keine guten Star-Eigenschaften. Dazu gehört es auch, mit Geld gut umgehen zu können. Denn schnelles Geld als Star ist auch schnell mal wieder ausgegeben.
Vielleicht sind Sie auch beratungsresistent. Das sollten Sie als Star nicht sein. Sie können nicht alles selbst erledigen und müssen auf gute Berater vertrauen können. Outsourcen nennt das die Werbebranche zum Beispiel, also das, was Sie nicht perfekt beherrschen, denen überlassen, die davon mehr verstehen. Das heißt, aber auch, dass Sie

loslassen können müssen. Also bleiben Sie cool, wenn der Ruhm einsetzt, immer **Bodenhaftung** behalten und nicht abheben. Werden Sie nicht zur schrillen Persönlichkeit.

*Ohne alle diese persönlichen Voraussetzungen gehen Sie ein hohes Risiko ein. Und noch eins: Diese Voraussetzungen sind noch kein Garant dafür, dass Sie wirklich ein Star werden.*

# Kapitel 3

## Aufstieg und Fall der Stars

In den „personal skills (persönliche Fähigkeiten)" eines Stars erkennen Sie leicht die Fallstricke und Gefahren, die ein Leben in Glanz und Glimmer auch für Sie bereit hält. Planen Sie immer das Scheitern Ihrer Karriere mit ein, dann fallen Sie nicht so tief. Man ist nämlich schneller wieder unten, als man hochgeklettert ist. Nicht zuletzt die zahlreichen Casting-Shows zeigen das überdeutlich. Was ist aus dem Glanz der bisherigen Gewinner übriggeblieben? Kennen Sie noch einen der Gewinner? Einige haben etwas aus ihrem Erfolg gemacht. Manche verdienen immer noch gut daran, stehen aber nicht unbedingt mehr in der Öffentlichkeit. Aber die meisten haben nach ihren anfänglichen Topplatzierungen in den Charts nichts mehr auf die Reihe gebracht, auch weil sie meinten alles zu können und keine Ratschläge mehr zu brauchen.

Oder nehmen wir nur die zahlreichen Beispiele von Stars, die „Drogen, Medikamenten oder Alkohol" zum Opfer gefallen sind, ob *Jimmy Hendrix, Elvis Presley, Michael Jackson, Prince, Whitney Houston* oder *Amy Winehouse* und zahlreiche andere. Eigentlich sind es tragische Figuren, die aber aufzeigen, wohin das Leben eines Stars auch führen kann. Letztlich ist es auch der höllische „Stress", der einen Star von der Berühmtheit direkt in den Abgrund reißt. Und wie viele Fußballer hatten schlechte Berater, die all ihr Geld versenkt haben? Einstige Größen aus Show und Pop leben heute von Sozialhilfe - auch das ist möglich. Und das ist dann doppelt hart, denn solche Stars haben einst aus den großen Fleischtöpfen gegessen. Wer einmal das Leben als Star genossen hat, für den ist es umso schwerer, plötzlich auf das „la dolce vita" verzichten zu müssen. Das ist Entzug pur.

Wer einmal viel Geld verdient hat, für den ist es schwer, die Ansprüche wieder herunter zuschrauben, egal ob Künstler, Schauspieler, Fußballstar, Top-Manager oder Bänker.

Stellen Sie sich das einmal plastisch vor: Sie kommen aus normalen, einfachen Verhältnissen und stehen plötzlich auf den Brettern der Welt oder man bestaunt Sie im Fernsehen; Sie sind eine Internet-Größe; Ihre Videos werden hunderttausendfach angeklickt; jeder kennt Ihren Namen. Steigt Ihnen das nicht zu Kopf, wenn Sie Waschkörbe voller Fanpost bekommen? Das ist doch ein ganz anderes neues Leben. Damit müssen Sie erst einmal zurechtkommen. Interviewwünsche der Medien, kreischende Fans, Autogramme, Terminhetze – das ist eine völlig andere Welt und ihr neuer Begleiter.

Aber auch Stalker, die einem plötzlich nachstellen, können zum Problem werden. Verrückte Fans trachten einem sogar nach dem Leben. So krank können Fans auch sein. So wurde John Lennon einst vor seiner New Yorker Wohnung von einem Irren, der nur traurige Berühmtheit erlangen wollte, erschossen. Viele Stars haben deshalb heute einen eigenen Security-Service, werden abgeschirmt von der Öffentlichkeit. Paparazzi verfolgen Berühmtheiten – was wie bei Lady Di tragisch auch enden kann.

Nichts ist plötzlich mehr privat. Jeder Schritt wird genau beobachtet. Sie können sich keinen Patzer mehr leisten. Wie oft sind Stars ausgeflippt, weil sie die Fotografen nerven. Das kostet Nerven. Ihr eigenes Haus wird plötzlich zur Pilgerstätte und es ist nichts mehr sicher.

**Wer bereitet eigentlich Stars auf ein solches Leben vor?**

Das Business rund um Prominente aus Musik, Film oder Sport ist knallhart; Verträge müssen ausgehandelt werden, Gagen sind zu vereinbaren, Plattenverträge, Spielerwechsel und dergleichen mehr haben eigene Gesetzmäßigkeiten, die kaum jemand durchschaut (Lesen Sie sich einmal die Knebelverträge einiger Casting-Shows und Reality-Formate durch). So mancher Star ist auch schon in die Steuerfalle getappt. Schlechte Berater kann man da nur sagen. Stars üben einen gewissen Reiz auf das andere Geschlecht aus. Wie oft sind aus Prominenten uneheliche Kinder angedichtet oder tatsächlich nachgewiesen worden? Sie sehen: Das Leben als Star ist gar nicht so einfach, sondern manchmal gar kein Vergnügen, sondern mitunter auch recht gefährlich.

Vor allem ist das kein beschauliches Familienleben, sondern sehr wechselhaft, hektisch und auch sehr aufregend. So hat sich etwas eine sehr bekannte Teenie-Band aus Magdeburg vor dem plötzlichen Ruhm von heute auf morgen jahrelang nach Los Angeles zurückgezogen, um wieder ein normales Privatleben genießen zu können. Man muss wissen, auf was man sich einlässt. Rosinen picken gibt´s nicht im Leben als Star. Man kann nicht nur die schönen Seiten für sich reklamieren, aber bei den unangenehmen, lästigen Dingen kneifen. Beides gehört nun mal zusammen. Sie können auch nicht als Politiker beim Wahlvolk um Stimmen werben und sich dann beschweren, wenn Sie gewählt sind und die Wähler Sie dann genau beobachten. Das ist der Preis der Öffentlichkeit, mit der Sie ja auch Ihren Ruhm geschafft haben. Mit Hilfe der Öffentlichkeit haben Sie

Ihre Karriere gestartet, also schulden Sie dieser auch die Teilhabe an Ihrem Privatleben. Manche Fans meinen ja, mit dem Kauf einer CD auch gleich Anteilseigner an ihrem Idol zu sein.

# Kapitel 4

## Wie umschiffen Sie die Klippen des Lebens als Star?

Bleiben Sie immer bodenständig und mit beiden Beinen fest auf der Erde. Behalten Sie deshalb möglichst den Kontakt zu Ihrer Familie und zu langjährigen Freunden. Bereiten Sie sich gut auf Ihre Karriere vor. Dazu reicht es nicht, nur sein Talent nach vorne zu bringen. Stärken Sie sich charakterlich, indem Sie diszipliniert und konsequent agieren. Heben Sie nicht ab, wenn der Ruhm einsetzt. Behalten Sie Bodenhaftung und erinnern sich immer daran, wer Sie sind und woher Sie kommen.
Natürlich ist eine gute fachliche Vorbereitung mindestens ebenso wichtig. Wollen Sie Sänger oder Sängerin werden, brauchen Sie Gesangsausbildung, Stimmbildung, Tanz, Performance und Bewegung (Catwalk). Als Rennfahrer müssen Sie konditionell ebenso fit sein, wie Sie alle Tricks der Fahrkünste beherrschen. Auch schadet es nicht, etwas von Maschinenbau und Motortechnik zu verstehen. Für einen Musiker sind neben ständigem Instrumenten-Training auch körperliche Übungen notwendig. Der Klavierspieler zum Beispiel muss seine Fingerfertigkeit verfeinern.
Klippen des Starlebens haben Sie oben bereits erfahren. Verhalten Sie sich in der Öffentlichkeit – und die ist überall dort, wo Sie nicht in Ihren vier Wänden sind – so, dass es jederzeit fotografiert, gefilmt und publiziert werden darf. Keine Fehltritte, keine Skandale oder Raufereien, immer kluge und nette Antworten: So umschiffen Sie die Klippen des Lebens als Star. Halten Sie sich aus den negativen

Schlagzeilen heraus. Wenn Sie das alles nicht beherrschen, weil Sie vielleicht zu schnell von null auf hundert durchgestartet sind, sollten Sie erfahrene Menschen an Ihrer Seite haben, die Ihnen beiseitestehen und notfalls wie ein Souffleur Antworten oder Benimm-Regeln einflüstern. Klippen umschiffen Sie aber auch durch ein kluges Krisenmanagement. Große Industrieunternehmen spielen ja auch in ihren Presseabteilungen so genannte „Worst Case Situationen" durch: Was könnte im schlimmsten Fall passieren und wie reagieren Sie darauf? Und oft kommt dabei heraus, dass es beispielsweise bei einem Unfall besser ist, offensiv an die Öffentlichkeit zu gehen als alles zu vertuschen. Genauso machen Sie das auch.

Spielen Sie alles durch, was Ihnen Unangenehmes als Star passieren könnte. Und Sie müssen damit rechnen, dass auch in Ihrer Vergangenheit gewühlt wird. Manager und Politiker trainieren ja auch ihren Auftritt vor der Kamera. So sollten auch Sie einen Trainer haben, der die „Böse Presse" spielt. Nur so lernen sie, schlagfertig und passend zu reagieren. Das gehört also auch zu Ihrem Programm sich vorzubereiten. Seien Sie immer nett zu Ihren Fans, denn die haben Sie ja schließlich so berühmt gemacht und die kaufen Ihre CDs und bezahlen für Ihre Auftritte. Lernen Sie einen sympathischen, aber Abstand haltenden Umgang zu ihnen. Werden Sie nie zu leutselig. Fans können auch grausam sein. Eine gewisse Distanz sollte als Barriere bleiben. Es ist schließlich Ihr **Schutzschild**. Sonst hätten Sie ja kein Privatleben mehr. Trotz Ruhm brauchen Sie immer auch Ihr Rückzugsgebiet.

Sie benötigen einen guten Finanzberater, dem Sie absolut vertrauen. Er muss Ihre Honorare und Tantiemen sicher verwalten, darf nicht spekulieren und muss Sie vor allzu großzügiger Verschwendung selbst bewahren. Der Finanzmanager sollte Sie auch stoppen, wenn Sie zu viel ausgeben. Denn Karriere ist bekanntlich vergänglich.

Fußballer zum Beispiel sollten spätestens bis zum 35. Lebensjahr so viel verdient haben, dass sie davon den Rest ihres Lebens zehren können. Ein kluges Management sorgt auch für Versicherungen gegen den Notfall, gegen Unfälle und Karriereende. Denn eine Klippe ist es vor allem für Sportler, dass sie durch Verletzung schnell zum Sportinvaliden werden. Wappnen Sie sich also vor dem Karriereknick. Auch einen guten Anwalt/Rechtsberater brauchen Sie, denn Verträge in diesem Geschäft sind heutzutage ein Buch mit sieben Siegeln.

Nächste Klippe ist die **Konkurrenz**. Sobald Sie Erfolg haben, treten die **Neider** auf den Plan.

Dazu passt gut dieser Spruch, den ich zu meinem Lebensmotto gemacht habe: *„Neid muss man sich verdienen, Mitleid bekommt man geschenkt".*

Rechnen Sie also damit, dass man Sie auch mit unlauteren, unfairen Methoden angreift. Im Musikgeschäft kann das eine negative Presse ebenso sein wie falsche Gerüchte, die Konkurrenten ausgestreut haben. Im Internetbusiness sind das dann Cyberangriffe auf erfolgreiche Webseiten – etwa indem man mit tausenden von E-Mails Ihren Server lahmlegt bis hin zur Versendung von Trojaner-Viren. Das darf Sie nicht umhauen. Betrachten Sie das nur als Bestätigung Ihrer Arbeit auf der Bühne, im Fußballstadion, im Business oder im Ring – und als Ermunterung.

Neider müssen Sie anstacheln. Eine Klippe ist auch eine allzu dünne Haut. Hier sollten Sie sich unbedingt ein „dickes Fell" antrainieren!

Durch eine gute Kondition umschiffen Sie eine weitere Klippe. Trainieren Sie also Ihre Fitness, denn Ihre Karriere verlangt Ihnen Höchstleistungen ab. Das stehen Sie nur durch, wenn Sie auch physisch leistungsfähig sind. Natürlich ist auch eine starke Psyche wichtig. Ruhm und Niedergang können gleichermaßen zu psychischen Problemen bis hin zu Depressionen und Ängsten führen. Plagen Sie Selbstzweifel oder sind Sie ängstlich, dann müssen Sie daran arbeiten. Bevor Sie also durchstarten, sollten Sie sich starke Nerven zulegen. Als Star müssen Sie kommunikativ sein und auf Menschen zugehen können. Es gibt natürlich auch sensible Stars. Jemand, der Klavier oder Geige spielt, bleibt oft auf Distanz zu seinem Publikum. Da ist der hautenge Kontakt auch nicht so wichtig. Michael Jackson war so ein zurückhaltender Künstler, der immer nur auf der Bühne auflebte; das war sein Revier und seine Inspiration.

Hüten Sie sich vor „falschen Freunden", die Ihnen von heute auf morgen zahlreich auf die Schultern klopfen, wenn Sie plötzlich viel Geld verdienen. Suchen Sie sich als Star mit Bedacht neue Freunde aus.

Natürlich gehört ein Wille dazu, wie oben bereits erwähnt. Karriere zu machen ist harte Arbeit. Und ein möglicher Gewinn bei einer der zahlreichen Casting-Shows ist beileibe keine Garantie für die Starkarriere. Dann können Sie gleich auf den Sechser im Lotto setzen.

Star zu sein hinterlässt auch Spuren, zum Beispiel in Ihrem Gesicht und an Ihrer Figur. Sie müssen auch da hart an sich arbeiten. Wer als Model Karriere machen will, hat eine Menge in Beauty und Fashion zu investieren: ein schöner Teint, straffe Haut, tolle Frisur, gute Proportionen, Augen und Lippen perfekt sowie passendes Make-up. Was nützt es Ihnen, gekonnt auf dem Cat Walk neue Mode zu präsentieren, wenn die Haare nicht sitzen oder Sie blass aussehen? Sie müssen ausstrahlen, und das will ständig neu gepflegt werden. Sie sehen also, es gibt viel zu beachten, um auf dem Weg zum Star nicht vorzeitig zu scheitern. Erkennen Sie die Fallstricke rechtzeitig, sonst ist die geplante Karriere allzu schnell vorbei.

Vielleicht an dieser Stelle einmal meine eigene Erfahrung mit wirklich großen Stars.
Als Radio-, Bühnenmoderator und Sportreporter habe ich bei Interviews, Gesprächen, Backstage und auf Aftershow-Partys viele internationale und nationale Sängerinnen, Sänger und Bands der 60er, 70er und 80er Jahre persönlich kennengelernt und habe zu einigen noch heute Kontakt. Je erfolgreicher sie waren, umso umgänglicher waren sie.
Nach Interviews habe ich mit den Künstlern manchmal noch lange Gespräche geführt und bei diesen wesentliches erfahren. Dinge, die jemals irgendwo zu finden waren. Aber es tat den Künstlern sichtlich gut sich einfach einmal zu unterhalten, abseits vom harten Geschäft. Mit einer Person, der es nicht um den Künstler ging, sondern um den Menschen dahinter.
Gleiches gilt auch für den Fußball und andere Sportarten. Bei Interviews mit Spielern und Trainern habe ich die gleiche Erfahrung gemacht und mache sie noch heute. Die Quintessenz aus dieser Geschichte: Immer auf dem Teppich bleiben und nicht abheben. Arroganz und Überheblichkeit kommt überhaupt nicht an.

# Kapitel 5

## Entdecke Dein Talent!

**„Ich kann nichts, gibt es nicht!"** Jeder hat ein oder mehrere Talente. Gehen Sie einmal systematisch vor und fragen Sie Ihr ganzes Profil ab: von der Schule über Hobbys, Leidenschaft, Wünsche, Träume bis hin zum eigenen Charakter. Da werden Sie sehr viel entdecken, was Ihnen bisher gar nicht so aufgefallen ist. Erkennen Sie Ihre Möglichkeiten, ein Star zu werden.

In der Schule gelang Ihnen etwas besonders gut. Es gab „Lieblingsfächer". Vielleicht fielen Ihnen die Sprachen oder Naturwissenschaften besonders leicht. Oder hatten Sie Spaß an Mathematik? Vielleicht waren Sie in Sport eine Kanone. Schauen Sie einfach mal auf Ihr Zeugnis: Wo waren Ihre Noten besonders gut? Vielleicht lagen Ihre Stärken auch in den musischen Fächern wie Kunst und Musik. Was sind Ihre Lieblingsbeschäftigungen in der Freizeit und Hobbys? Reisen Sie vielleicht gerne und entdecken am liebsten fremde Länder, andere Kulturen? Sind Sie ein Gourmet und gehen gerne gut essen? Vielleicht interessieren Sie Theater, Musical oder Oper? Sind Sie vielleicht eine Leseratte und saugen Buch um Buch nur so in sich hinein oder schreiben Sie sogar selbst – und wenn es nur ein Tagebuch ist? Malen Sie gerne – vielleicht Aquarelle oder in Öl? Verstehen Sie etwas von der Seidenmaltechnik?

Sie singen gerne oder tanzen leidenschaftlich? Können Sie anderen gut etwas beibringen und sind auch sportlich ganz gut, vielleicht trainieren Sie auch gerne eine Mannschaft? Oder Sie sind gut in blitzschnellen, korrekten Entscheidungen und spielen bereits den Schiedsrichter. Dann schaffen Sie es vielleicht bis ins internationale Geschäft. Können Sie sich gut in Szene setzen und andere Charaktere auf der Bühne imitieren? Sie unterhalten Ihre Mitmenschen oder reden begeisterungsfähig vor Publikum und verstehen es dabei, mit Körpersprache Menschen an sich zu binden. Es fällt Ihnen leicht, Ergebnisse überzeugend zu präsentieren? Sind Sie ein so genannter „Menschenfänger"? Sie haben ein Händchen dafür, das richtige Motiv zu fotografieren oder witzige Videos zu drehen. Sie spielen ein Instrument recht gut.

Die Liste ließe sich hier endlos fortsetzen. Stellen Sie sich einfach die Frage: „**Was macht mir viel Spaß?**" Denn ein aufgezwungenes Hobby reicht nicht, um Star zu werden. Wie viele Gitarren liegen ungenutzt auf deutschen Dachböden oder in Kinderzimmern herum, weil Eltern irgendwann mal die fixe Idee hatte, ihr Kind könnte ein berühmter Musiker werden? Wie viele Kinder haben die musikalische Früherziehung gehasst? Eine Lieblingsbeschäftigung muss aus dem innersten Verlangen selbst kommen, etwas mit Leidenschaft und Hingabe ausüben zu wollen. Nicht etwas, was nur neue Leiden schafft! Schauen Sie also intensiv in sich hinein. Da ist was, ganz bestimmt! Denn solche Hobbys lassen sich gut zu Karrieren ausbauen.

Wenn Sie schon bei sich sind und in Ihre Person hineinschauen, fragen Sie mal Ihre charakterlichen Eigenschaften ab und Ihren Typ. Sind Sie eher zurückhaltend oder gehen Sie aus sich heraus, sind impulsiv? Auch Dinge wie leicht reizbar, cholerisch oder zu schüchtern sind nicht von Vorteil und sollten hinterfragt werden (introvertiert oder extrovertiert).

Ob positiv denkend oder negativ, kühl abschätzend, wenig risikobereit oder draufgängerisch?

Gehören Sie zu den Grenzgänger-Typen, die alles Riskieren und Grenzen austesten?

Sind wichtig zu wissen. Können Sie diszipliniert bei der Sache bleiben und sich durchbeißen oder geben Sie schnell auf? Sind Sie korrekt, genau, konsequent oder eher schludrig, ein so genannter „Laizess-Faire-Typ", der nach dem Prinzip „lass mal andere machen" gerne auch mal die Dinge einfach laufen lässt? Können Sie hart arbeiten? Haben Sie Visionen, Ziele und Träume, wollen Sie etwas im Leben erreichen, vielleicht gar deutliche Spuren hinterlassen? Fühlen Sie sich zu etwas Höherem berufen? Sehen Sie Ihr Leben als einen Auftrag?

Daraus ergeben sich **Hinweise auf konkrete Möglichkeiten**, ein Star zu werden und seinen Plan systematisch umzusetzen.

**Beispiel 1**:

Sie haben ein Sprachtalent und schreiben gerne. Zu formulieren, fällt Ihnen kinderleicht. Die Tastatur (Keyboard) ist Ihre Inspiration. Sie brauchen nicht lange über passende Sätze nachzudenken. Dann bauen Sie diese Fähigkeiten aus und schreiben Bücher. So haben Sie vielleicht die Chance zum Bestsellerautor; Ihre Romane oder Sachliteratur könnten die Topseller werden. So werden Sie zum Star und starten eine erfolgreiche Karriere als **Autor**.

*Es sei an dieser Stelle aber auch angemerkt, dass es für einen Newcomer schwierig ist, einen großen Verlag von seinen Fähigkeiten und Werken zu begeistern, da diese gerne auf ihre Erfolgsautoren zurückgreifen. Deshalb der **Tipp**, das Manuskript bei einem kleinen Verlag einzureichen. Es gibt in fast jeder Region kleine Verlage, die Sie so persönlich aufsuchen können. Es gibt auch seit Mitte der 1990er „Print-on-Demand", wo Sie ihre Bücher und eBooks* *selbst und in kleiner Stückzahl verlegen können. Das hat den Vorteil, dass Sie fast keine Vorlaufkosten haben. Die großen Anbieter dieser Branche listen Ihre Bücher bei allen großen Anbietern und Buchverlage.*

Bleiben Sie hartnäckig und lassen Sie sich durch Absagen nicht entmutigen, wenn es nicht auf Anhieb klappt.

**(Hier ein Tipp in eigener Sache: Ich verlege meine Bücher bei BoD, wie Sie im Buch sehen können. Sie müssen nicht in große finanzielle Vorleistung treten und sind auch in allen großen Buchhandlungen vertreten). Schauen Sie einfach einmal unter: https://bod.de**

**Beispiel 2**:

Schon in der Schulmannschaft haben Sie Ihre Kameraden beim Fußball schwindelig gedribbelt. Bleiben Sie am Ball, trainieren Sie hart, um **Fußballprofi** zu werden. Teilen Sie Ihr großes Ziel in Einzeletappen ein. Schließen Sie sich einem guten Verein an. Ihr Weg könnte über die Jugend, Auswahlmannschaften, Amateure und Profis ganz nach oben gehen. Schauen Sie, wo gute talentierte Trainer Sie fördern. Verbessern Sie Ihre Technik und trainieren Sie zusätzlich Ihre Fitness. Versuchen Sie immer, einen Tick besser als die anderen zu sein. Und muten Sie sich nur erreichbare, überschaubare Teilstrecken zu. Denn das baut Sie für Ihren großen Traum auf und macht Sie zum Star in Ihrem Bereich.

*Auch hier sei gesagt: Nicht nur die großen Vereine im bezahlten Fußball bilden gut aus. Auch in den Amateurligen wird gute Jugendarbeit geleistet, weil die Vereine erkannt haben, dass die Kinder und Jugendlichen ihr Kapital sind. Ich kenne ein paar*

*Spieler persönlich, die auch über diesen Weg Profi-Fußballer geworden sind.*

**Beispiel 3**:
Sie waren immer schon musikalisch und haben **Rhythmus** im Blut. Das **Singen** macht Ihnen Spaß; Ihre Stimme ist gut. Also nehmen Sie Gesangunterricht und verbessern Ihren Gesang zur Perfektion; gehen Sie zu einem professionellen Stimmbildner; arbeiten Sie an Ihrem Auftritt, denn auch Bewegung gehört zur Musik. Vielleicht üben Sie noch ein wenig Tanz dazu. Dann haben Sie ein rundes Paket, das Sie zum „Popstar" machen könnte.

**Beispiel 4**:
Sie sind ein guter Redner, schlagfertig, witzig und kreativ. Sie haben auf jeden Topf einen Deckel, wie man so schön sagt. Ihnen fällt immer etwas ein. Schon im Unterricht waren Sie eine Quasselstrippe. Vor der Klasse hatten Sie nie Scheu. Sie unterhalten Menschen gerne. Das ist ein gutes Talent, welches Sie vielfältig nutzen könnten, zum Beispiel als **Moderator, Comedian** oder auch als **Politiker**. Üben Sie das bis zum Erbrechen; verfeinern Sie Ihre Körpersprache und fesseln Ihr Publikum durch Blickkontakt. Treten Sie in Nachwuchswettbewerben auf und lassen sich entdecken. Oder treten Sie einer politischen Partei bei und machen dort Karriere. Studieren Sie die Strukturen, schließen Allianzen und kandidieren für den Bundestag. Neue, populäre Parteien zum Beispiel suchen händeringend Kandidaten für alle möglichen Pöstchen. Würden Sie nämlich studieren und danach eine Anstellung als Lehrer, Jurist oder in der Wirtschaft suchen, könnten Sie nicht annähernd so viel verdienen wie in der Politik.

Überlegen Sie mal, wo man überall Karriere machen kann und welche Stars es gibt:

Sänger, Tänzer, Redner, Zauberer, Sportler, Musiker, Models, Politiker, Wirtschaftsbosse, Autoren, Filmhelden, Werbe-Ikonen, Charity-Ladies, Fernseh- oder Soap-Sternchen, Raumfahrer, Wissenschaftler, Nobelpreisträger, Erfinder, Promiärzte und und und. Dann finden Sie auch etwas für sich selbst.

# Kapitel 6

## Bleiben Sie immer Realist!

Ganz wichtig: Bleiben Sie bei der Einschätzung Ihres Talents immer realistisch. Es gibt ja das berühmte Beispiel eines Teilnehmers einer Casting-Show, der auch beim zehnten Mal kein Bein auf die Erde bekam. Na ja, er hat wenigstens Mut bewiesen und Idealismus gezeigt. Das kann auch ein Weg sein, aber wenn wirklich nichts dabei herauskommt, sollte man auf andere Möglichkeiten umsatteln. Der Typ hatte es zumindest geschafft, dass er bei den großen Final-Shows mit moderieren durfte. Er war einfach zu verrückt, als dass man auf ihn ganz verzichten wollte. Oder ein anderer Teilnehmer spielt heute den „Checker", der die Finalisten in ihrer Villa besucht, sie interviewt und witzige Videos dreht. So können sich manchmal aus Träumen auch ganz andere Perspektiven ergeben. Zum Popstar hat es zwar nicht gereicht, aber man wird dann „Checker" zum Beispiel oder erschließt sich aus seinen Träumen neue Talente.
Halten Sie nicht an einem vermeintlichen Talent fest, das gar keins ist – vielleicht nur in Ihren Träumen. Das ist ja so, als wenn sich kleine Kinder früher immer wünschten, Lokomotivführer oder Pilot werden zu wollen. Heute ist es vielleicht eher der Astronaut. Fast alle dieser Kindheitsträume sind irgendwann wie Seifenblasen zerplatzt. Und fragt man heute Raumfahrer, ob das mal Ihr Traumberuf war, dann wird man ernüchtert feststellen, dass sich solche Karrieren erst aus Berufen wie Physiker oder Ingenieur im Laufe der Zeit entwickelt haben.

**Geduld** ist eine Tugend, doch die wenigsten haben sie. Die Märchen vom plötzlichen Star oder Senkrechtstarter sind eben nur unrealistische Phantasie. Bleiben Sie auf dem Teppich und erwarten nicht, dass Ihr Talent gerade gesucht wurde. Eine Karriere muss wachsen und geht nicht per „Simsalabim". Und seien Sie sich darüber im Klaren: Es ist ein steiniger Weg – auch mit Rückschlägen. Ein klarer Plan, ja ein strategisches Konzept muss her. Jetzt sind gute Berater wichtig. Sie müssen sich quasi in der Art eines „Brain Storming" Schritt für Schritt in der logischen, zeitlichen Abfolge vorbereiten – wie der Architekt auf dem Reißbrett ein Haus plant. Dabei haben Sie gottlob heute moderne Hilfsmittel wie Computer und Internet. Vor allem das „World Wide Web" ist eine Fundgrube für Ihre Karriereplanung.

Was müssen Sie alles beachten, welche Schritte als Nächstes gehen und wo lauern die Stolpersteine? Informieren Sie sich erst mal ausführlich in allen zur Verfügung stehenden Medien (Internet, Bücher, Hörbücher, DVDs, Videos) über das Gebiet, in dem Sie ein Star werden wollen. Denn neben Talent sind möglichst komplette Kenntnisse sehr wichtig. Und dann holen Sie alles herbei, was es zum Thema „Ein Star werden" auf dem Markt gibt: Fortbildungen, Schulungen, Spezial-Unterricht wie Tanzen, Ballett, Stimmtraining, Gesang, Choreografie, Bewegung, dazu Kenntnisse in Bühnen-Technik, Tonstudio Erfahrung, Mikrofon-Technik, Beschallung, juristische Beratung, Vertragsgestaltung, Termin- und Pläne zum Touren und so weiter. Und so kann man hier die Beispiele fortsetzen: Haben Sie schriftstellerisches Talent? Verdienen Sie sich Ihre ersten Sporen bei der Schüler- oder Vereinszeitung, dem Kirchenblättchen oder als freier Mitarbeiter bei Lokalzeitungen und Anzeigenblättern. Die suchen immer gute Schreiber.

Vor allem für Abend- und Wochenendtermine, wenn die Stammbelegschaft mal Pause hat. Oder werden Sie Pressesprecher in einem Sportverein. Das ist zwar in den meisten Fällen ehrenamtlich, aber ein guter Einstieg, um eine spätere Karriere in Funk oder TV zu starten.

**Tipp**: Machen Sie sich **unentbehrlich**, indem Sie gute Berichte abliefern und interessante Geschichten ausgraben. Wenn Sie dazu noch Fotos zum Text liefern, sind Sie eine ideale Besetzung. Mit dem Geld finanzieren Sie den Ausbau Ihres Talents zur echten Karriere. Zahlreiche Internetportale vergeben Schreibarbeiten an gute Texter. Wenn dort Ihre ersten Beiträge Gefallen finden, sind Sie für die Zukunft fest gebucht und können sich unter Umständen vor Aufträgen nicht mehr retten. Haben Sie vielleicht schon Kurzgeschichten geschrieben oder Kinderbücher? Dann bieten Sie doch Ihre Manuskripte einmal Verlagen an. Heutzutage ist es mit dem Internet viel einfacher, auch für kleines Geld auf den entsprechenden Portalen Bücher selbst zu veröffentlichen. Oder nehmen Sie nur die boomende eBook-Branche. Hier bieten Sie ein rein digitales Werk an, das meist als PDF-Datei elektronisch verkauft wird. Sie müssen nur einmal Ihr Buch produzieren und können es dann beliebig oft umsonst vervielfältigen. Weitere Vorteile: keine Lagerkosten, keine großen Investitionen, keine Versandkosten (alles über E-Mail), kostenlose Werbung im Internet, sichere elektronische Bezahlung, keine lästigen Kundenbeschwerden, keine Stornokosten und so weiter. Dazu gibt es zahlreiche Portale, auf denen kurze Beiträge, etwa Hotelbewertungen oder Reiseberichte, bezahlt werden. Noch ein Vorteil: Beiträge werden im Internet bewertet oder kommentiert. So bekommen Sie ein Urteil darüber, wo Sie mit Ihrer Schreiberei stehen.

Mit Ihrem **musikalischen** Talent schließen Sie sich zunächst einer Band an, treten auf Hochzeiten und Stadtfesten auf, bewerben sich bei Casting-Shows und mit viel Glück entdeckt Sie ein Produzent mit eigenem Tonstudio. Wenn Sie dazu noch eigene Texte entwerfen und sogar die Musik komponieren, dann sind Sie auf dem besten Weg zum Star. Bilden Sie Ihre Stimme weiter; auch die Performance auf der Bühne ist wichtig. Die meisten scheitern daran, sich am Anfang viel zu viel auf einmal vorzunehmen. „Wir haben es doch gleich gewusst, klappt ja doch nicht!" hört man dann oft, und man wirft schnell das Handtuch. Dabei lag es nur an der falschen Strategie. Denn die Anlagen zum erfolgreichen Kicker sind da, nur der Anspruch war zu groß. Geben Sie sich bescheiden: Werden Sie erst mal bester in Ihrer Mannschaft. Dann der nächste Schritt: Bester in einem Verein. Danach geht der Weg automatisch zu den Amateuren u. s. w. Wenn Sie da ebenso überzeugen, fällt irgendwann der Stammtorwart bei den Profis aus und Sie rutschen in den Kader. Man braucht auch etwas Glück und Geduld. Ihre Zeit kommt – manchmal schneller, als Sie denken. Noch eins ist **ganz wichtig**: Insbesondere junge Menschen träumen schnell vom Star-Leben, vergessen aber oft, dass irgendwann eine Freundin den Weg kreuzt, die Pubertät zur eigenen Identitätskrise wird – vor allem in der Musik mit dem Stimmbruch – oder die berufliche Orientierung wichtiger wird. Also, junge Menschen aufgepasst. Man ist da doch recht unstetig und flatterhaft. Nicht umsonst gelten Menschen in der Pubertät in allem als extreme „Wackelkandidaten". Nur die wenigsten Kandidaten haben schon in jungen Jahren eine dauerhafte Vision. Manchen ist die unbeschwerte Jugend wichtiger als eine Schinderei für die Karriere. Generationen von Eltern haben ihre Kinder durch die musikalische Früherziehung geprügelt, das Eis am Abend verboten, das Schwimmen nach dem Essen untersagt. Die wenigsten Kinder sind stramm aus eigenen Stücken auf eine zielgerichtete Karriere marschiert. Viele von ihnen hatten schon früh Visionen – teils durch die Eltern vorgelebt und gefördert. Am besten sind die Karrieren, wo es irgendwann einmal bei den jungen Menschen selbst „klick" gemacht hat. Ob berühmte Pianisten, Tennisspieler, Kult-Moderatoren oder Comedians – alle hatten eins gemeinsam: Sie hatten den Wunsch zu etwas ganz Großem, haben klein angefangen, hatten Glück, ein gutes Umfeld, Förderer und Vorbilder, sind bei der Stange geblieben, haben nicht vorzeitig das Handtuch geworfen – und ihr Ziel erreicht. Sie alle sind nie ausgeflippt, sondern immer Realisten geblieben. Wie häufig hört man von erfolgreichen Künstlern, egal welcher Branche, dass sie am Anfang ihrer Karriere das Publikum an einer Hand abzählen konnten. Sie haben sich aber davon nicht entmutigen lassen und sind weiter ihren Weg gegangen. Deshalb sind sie heute ganz oben.

**Drei Dinge** braucht ein angehender Star: Üben, üben und nochmals üben; nie sein Ziel aus den Augen verlieren; sich von Rückschlägen nicht unterkriegen lassen. Sie müssen Kritik, die oft auch berechtigt ist, wegstecken und für sich nutzen, es besser zu machen. So können Sie ein Star werden und Ihren Traum realisieren.

# Kapitel 7

## Machen Sie Ihr Talent von Anfang an zu Geld!

Wenn Sie ein Star werden wollen, dann möchten Sie ja irgendwann einmal davon leben können. Deshalb ist es absolut nicht verwerflich, so früh es geht „gewinnorientiert" zu arbeiten. Entwickeln Sie Ihr Talent weiter und verdienen gleichzeitig schon mal kleines Geld. Ein Beispiel sind Musiker, die mit einer eigenen Band angefangen haben und über Stadtfeste getingelt sind. Manchmal bestehen die ersten Gagen auch aus Naturalien wie dem Druck von Flyern oder Autogrammkarten.

Als **Sportler** sollten Sie so viele Wettkämpfe wie möglich besuchen, um sich einerseits mit anderen zu messen und dann auch bekannter zu werden. Erst wenn Sie zu großen Turnieren eingeladen werden, erhalten Sie sogar ein Antrittsgeld – also Geld dafür, dass Sie erst mal nur da sind. Für eine Karriere im **Sport** müssen Sie aber auch noch ein paar „Charaktereigenschaften" mit im Tornister haben, nämlich Kampfgeist, Durchsetzungsvermögen, Disziplin und viel Ehrgeiz. Wie ein Boxer sollten Sie auch **Steher- und Nehmerqualitäten** mitbringen. Wollen Sie ein berühmter **Schauspieler** werden und peilen gar einen Oscar an, dann können Sie viel erlernen, zum Beispiel am Theater oder in bekannten Schauspielschulen: Dramaturgie, Selbstinszenierung, Sprache, Gestik, Charaktere und so weiter. Aber dazu benötigen Sie auch ein paar Fähigkeiten wie: Flexibilität, Gedächtnis, Auswendiglernen, kein zu großes Schamgefühl, ein offenes, kommunikatives

Wesen. Denn Sie müssen sich ständig in andere Rollen hineinversetzen, dürfen auch keine Scheu vor einem Film- oder Bühnenkuss haben, sollten Ihre Texte wie aus der Pistole geschossen parat haben und Improvisationstalent besitzen. Machen Sie nicht den Fehler, aus oberflächlichen Gründen ein Engagement abzulehnen. Das können Sie sich vielleicht als bekannter Preisträger leisten, nicht aber als aufstrebender Star.

Als Künstler brauchen Sie Vernissagen, auf denen Sie Ihre Malerei oder Installationen ausstellen. Klein fangen Sie in der örtlichen Sparkasse damit an oder in der Volkshochschule, Arztpraxis und dem Gemeindehaus. Dort finden Sie Beachtung und gewinnen eventuell schon Preise. Die Vita eines Künstlers besteht zu 50 Prozent aus bekannten Ausstellungen. Wenn jemand sagen kann „Ich habe im „MoMA – Museum of Modern Art in New York ausgestellt", dann ist das eine erste Adresse. Wer dort seine Kunst präsentiert hat, muss gut sein. Und wer das in seiner Vita behaupten kann, ist ein gemachter Künstler. Dazu kommen spezielle Auszeichnungen wie Förderstipendien oder Kunstpreise. Das steigert gleich den Wert für jedes einzelne Objekt. So haben alle Karrieren ihre Eigenart.

Bei Fußballern sind es die Ablösesummen, die den Marktwert eines Spielers steigern.

Bei **Politikern** auf Vortragstour sind es die erreichten Positionen. Ex-US-Präsident Bill Clinton ist einer der teuersten und agilsten Redner weltweit. Sehr viel Geld muss man auf den Tisch legen, um ihn für einen 30-Minuten-Vortrag zu bekommen. Namhafte Politiker bekommen meist nach ihrer Karriere in der Politik, hochdotierte Beraterverträge oder einen guten Job in der Wirtschaft.

**Pop-Sänger** werden nach ihren Erfolgen in den Charts bewertet: Wer am meisten CDs verkauft, wird am besten bezahlt. Und alle haben klein angefangen, frühzeitig einen Geschäftssinn entwickelt und so ihr erstes Taschengeld verdient: auf Geburtstagen, Jubiläen, Stadtfesten, in Bierzelten, auf Hochzeiten oder Kinderpartys. Sie müssen auf die Ochsentour durch die Provinz marschieren, um ein Star zu werden. Karrieren passieren nicht einfach so auf Knopfdruck. Das sollte sich langsam entwickeln. Stars haben sich auch mit anderen Hilfsjobs über Wasser gehalten, um ihre Karriere zu finanzieren – etwa als Hilfskraft in der Hotelküche, Zeitungsausträger oder durch Nachhilfe. Manchmal muss man seine Erfahrungen auch kostenlos sammeln, etwa als unbezahlter Praktikant. Nicht immer kann man gleich in seinem Fachgebiet das Talent zu Geld machen, was natürlich ideal wäre. Aber mal ganz ehrlich: Wer hat es schon ideal und perfekt im Leben? Finden Sie sich deshalb lieber damit ab, dass Sie sich zunächst hart schinden müssen, um Ihren Traum zu erreichen. Als angehender Star sollten Sie kleine Brötchen backen. Mancher erntet jedoch nie den Lohn seiner späten Berühmtheit wie der große Maler und Begründer der modernen Malerei, Vincent van Gogh, der sich mit 37 Jahren psychisch labil selbst erschoss. Er hinterließ dennoch zahlreiche Gemälde und Zeichnungen, die heute für Millionen versteigert werden. Wenn Sie ein Star werden wollen, dürfen Sie sich von Anfang an nie unter Wert verkaufen. Denken Sie immer daran, dass Ihre Leistung auch entsprechend entlohnt werden muss. Dabei ist wichtig, dass Sie Ihre Bodenhaftung nie verlieren. So lernen Sie von Beginn an, wie hart es ist, als Star Geld zu verdienen und Ihr Vermögen langsam zu steigern. Selbst verdientes Geld lässt die Achtung vor

Werten entstehen. Wer nie selbst gutes Geld verdient hat, wird es auch mit offenen Händen wieder aus dem Fenster werfen.

Deshalb kann ein einfacher Lotto-Millionär auch kaum erfolgreich mit Geld umgehen.

Oder wer ein Vermögen ererbt und nie mit eigener Arbeit Geld verdient hat, wird respektlos damit umgehen wenn nicht gar bitter scheitern.

Legen Sie also Ihre Karriere von Beginn an so an, dass Sie damit Geld verdienen; sie ist eine auf Gewinn und Erfolg orientierte Investition in Ihr Talent.

Aber akzeptieren Sie es auch, wenn man für´s Erfahrung sammeln, erst mal nichts bekommt. Dafür runden Sie aber Ihr Talent ab und bilden sich weiter.

Auch große Top-Stars sind im Anfang kleines Geld getingelt, bevor sie die großen Hallen und Stadien gefüllt haben.

# Kapitel 8

## Was macht eigentlich einen Star aus?

Nicht jeder, der sich auf dem Weg zum Star wähnt, ist oder wird auch einer. Dazu gehört mehr als nur ein Talent. Selbst wenn man in seinem Fach herausragend ist und mehr kann als andere, ist das noch lange keine Garantie. Denn das Star-Gen im Kopf kann einem auch zu Kopfe steigen. Wie viele mutmaßliche Stars sind schon ausgeflippt und tief gefallen. Das Problem dabei ist, dass viele auf dem Weg zum Star mehr Gedanken über Reichtum und Bekanntheit im Kopf haben als sich auf ihr Talent zu konzentrieren. Star wird man schon automatisch, wenn man sein Talent zur Bestnote schult. Viele der heutigen Stars haben gar nicht daran gedacht oder darauf hingearbeitet, einmal Star zu werden. Immer schön locker bleiben. Denn Gedanken an eine imaginäre Karriere schaden nur der Karriere selbst. Sie vergeuden unnütz Gedanken und Zeit, die Ihnen bei der wirklich harten Arbeit fehlen. Den Star macht eine gewisse Lockerheit erst wirklich zum Star; auch wenn er beharrlich für seine Karriere kämpft, ist er auf einem guten Weg. Bekannt werden Sie schon von selbst, wenn Sie wirklich gut sind, und das wollen Sie ja. Man kann zu **Star-Allüren** stehen, wie man will: Schaden Sie einer Karriere oder sind sie das gewisse Etwas, das Markenzeichen? Berühmtheiten mit Star-Allüren polarisieren, stoßen ab und schaden nur ihren Talenten. Versuchen Sie, ohne Star-Allüren aus-zukommen. Das ist solider. Bleiben Sie zu Beginn auf dem Teppich und schmeißen Sie nicht Ihren Job, weil Sie überzeugt sind, einmal ein Star zu sein. Sie setzen sich selbst unter Druck und haben im schlimmsten Fall nicht die finanziellen Mittel ihre Karriere anzuschieben. Wie häufig sieht man es in Casting-Shows, dass es Kandidatinnen und Kandidaten gibt, die sagen: "Ich habe meine Ausbildung bzw. meinen Beruf geschmissen, um mich voll auf meine Gesangskarriere zu konzentrieren". Sie alle sind schon im Vorfeld kläglich gescheitert. Den Star macht natürlich sein **Bekanntheitsgrad** aus, und da stoßen wir wieder auf ganz unterschiedliche Möglichkeiten. Stars sind zum Beispiel berühmte Schönheitschirurgen, natürlich Leute, die ständig über die Mattscheibe flimmern wie Moderatoren oder Nachrichten-Sprecher, die Glücksfee bei TV-Gewinnspielen; Stars können Tenöre, Opern-Diven oder Magier sein. Heute haben wir die Internet-Stars, die entweder massenhaft angeklickt werden, auf YouTube™ witzige Videos ins Netz gestellt haben oder aber solche, die übers World Wide Web zu Millionären geworden sind.

Macht das alles schon einen Star aus? Wohl kaum! Ein Star muss auf dem Teppich bleiben können; ihm darf die plötzliche Bekanntheit nicht zur Belastung werden. Ein Star muss auch mit den Konsequenzen leben, etwa damit, dass Fans lästig werden können und einem kein Privatleben mehr gönnen. Ein Star steht im **Rampenlicht**, und zwar immer! Er muss blitzschnell reagieren, sich unter Kontrolle haben und klug vor Kameras und Mikrofonen antworten. Nicht umsonst werden angehende Fußballprofis und Rennfahrer auch darin geschult. Und weil Karrieren meist international sind, müssen Sie auf Englisch vor der Kamera sprechen. Auch unangenehme Momente im Leben eines Stars sollten angemessen bewältigt werden. Das private Leben in den eigenen vier Wänden unterscheidet sich total von einem Leben in der Öffentlichkeit. Jeder Fan zum Beispiel, der eine

CD seines Stars gekauft hat, meint doch gleich, er besitze ein Stück seines Idols. Oft sind die Gagen des Künstlers auch ein Stück Schmerzensgeld für die Qualen, die er im Glanz der Öffentlichkeit erleiden muss. Was machen sich Fernsehsender und Radioanstalten über kleine und große Patzer von Stars lustig. Das ist der Preis des Star-Lebens, und damit muss man erst einmal zurechtkommen. Auch hier zeichnet sich ein wirklicher Star aus. Wie oft möchten Stars mal ganz alleine sein und nicht vom Blitzlichtgewitter der Paparazzi verfolgt werden? Was hat es da schon für schreckliche Prügelszenen gegeben. So sind Stars schon auf der Flucht vor Fotografen verunglückt (Lady Di habe ich schon weiter oben als Beispiel angeführt). Bis zum perfekten Star ist es also ein harter Weg und steiniger Weg.

# Kapitel 9

## Durch Ausbildung zum Star?

Natürlich gibt es auch noch die modernen Märchen wie „Slumdog Millionaire" – der achtfach Oscar prämierte Film über einen indischen Jungen, der bei einem TV-Millionen-Gewinnspiel 20 Millionen Rupien gewann und plötzlich vom Underdog aus den Slums zum steinreichen Jungen emporstieg. Als Autodidakt zum Star zu werden, ist heutzutage in einer globalisierten und total vernetzten Welt schon ganz schwierig geworden – wenngleich sich dabei auch ganz neue Chancen ergeben (dazu später mehr). Es gibt Pop-Karrieren, die auf YouTube™ begannen. Auch einstige brasilianische Straßenfußballer sind heute gut bezahlte Profis. So genannte „Talent-Scouts (Star-Sucher)" tummeln sich überall herum. Nicht immer haben sie nur das Wohl ihrer Schützlinge im Kopf, sondern oft auch nur die eigene Brieftasche. Aber die Regel ist das Märchen vom plötzlichen Star beileibe nicht. Das ist eher Zufall.

**Geplante Karrieren** gehen anders; sie entstehen durch hartes Training und durch **Ausbildung**. Nicht umsonst setzten gute Fußballvereine auch auf eine solide Ausbildung ihrer Nachwuchskicker – und natürlich auf eine Verfeinerung der Technik wie auch auf robuste Kondition. Die Top-Vereine, ob international oder national, haben heutzutage gut geführte Fußball-Internate, mit Toppersonal in allen Bereichen.

Selbst Tennisprofis bekommen nebenher durch Privatlehrer eine gute berufliche Grundlage und lernen die perfekte Rückhand oder einen knallharten Aufschlag. Denn nicht nur eine Sportkarriere ist sehr vergänglich, manchmal durch Verletzung schneller als man ahnt.

Deshalb versuchen Sie immer, in Ihrem Talent eine **grundsolide Ausbildung** zu schaffen. Sie brauchen ja auch fachlichen Background, wenn Sie als Star an der Spitze stehen wollen. Man kann noch so viel natürliches Talent besitzen, eine umfassende Ausbildung ersetzt das aber nie. Sie sollten sich deshalb auch einen beruflichen Werdegang als Star vorstellen. Wählen Sie klassische Berufe nach **Studium**, im **Handwerk, an Privatschulen** oder mit **Berufsausbildung**: Jurist, Diplom-Kaufmann, Arzt, Lehrer, Wissenschaftler, Koch, Friseur, Schneider, Biologe, Dekorateur und so weiter. Schauen Sie mal, wer damit heute ein Star ist. Es gibt den **Star-Friseur** – man nennt das dann **Promi-Coiffeur**! Oder aus einfachen Köchen sind Fernsehstars mit eigenen **Kochshows**, die heute nebenbei **Buchautoren** sind oder eine eigene **Kochschule** im Fernsehen präsentieren und **Restauranttester** sind. Gerade Kochen wird mehr und mehr zum Lifestyle-Thema in unserer Gesellschaft – ob Gourmet oder gesunde Ernährung,

modernes Kochen oder Promi-Dinner.

Grundsätzlich gibt es also mehrere Wege hin zu einer Karriere:

**1.)** Über ein **Studium** (Anwalt, Arzt, Apotheker, Musiker)

**2.)** Über eine **handwerkliche Ausbildung** / duale Berufsausbildung (Koch, Friseur, Schneider)

**3.)** Über eine **Fachschule** (Bankangestellter, Autoverkäufer, Kindergärtnerin)

**4.)** Über **private Fachschulen** (Journalistik, Schauspielschule, Filmakademie, Sportschule, Medien-Design-Akademie, Wirtschaftsprüferschule, Musikschule, Kunstakademie).

**Star über ein Studium**

Eine sehr gute Grundlage ist ein abgeschlossenes Studium. Konnte man zum Beispiel vor 20 oder 30 Jahren noch erfolgreicher Journalist ohne Studium werden, so ist das heutzutage fast nur mit einem entsprechenden Studiengang (Journalistik, Germanistik oder auch als Quereinsteiger mit Jura) möglich. Auch wer in Richtung Musik oder Medien geht, kann schon Bachelor- und sogar Masterstudiengänge in solchen Bereichen absolvieren. Ob Kunst, Gestaltung, Musik, Medien, Theater oder Film – in diesen Gebieten „dürfen" Sie auch wissenschaftlich vorgehen. Gerade im kreativen Bereich wie Design, Computertechnik, Programmierung oder darstellende, reproduzierende Kunst sind Hoch- Schulkarrieren keine Seltenheit mehr. Und eine Fachhochschulreife erreichen Sie auch mit einem qualifizierten Hauptschulabschluss – oder nach Hauptschule und erfolgreicher Berufsausbildung. Gerade Fachhochschulen bilden kreative Köpfe hervorragend aus. Es muss nicht immer das klassische Vollabitur sein. Oft sind es auch Spätzünder, die ihr Abitur an Abendschulen neben dem Beruf nachholen. Früher konnten Sie auch als Quereinsteiger beim Radio landen, wenn Sie Spontanität, Witz und eine gute Mikrofonstimme mitbrachten. Das ist heute kaum noch möglich, denn die Zeiten von Radio-Luxemburg und den Piratensendern sind vorbei. Frank Elstner, beispielsweise, kam schon früh mit dem Radio in Berührung und hat wohl eine der größten Karrieren im Radio und TV gemacht. Ein Dieter Thomas Heck war vorher Autoverkäufer, ein Thomas Gottschalk hatte auf Lehramt studiert. Sie alle sind nicht durch Zufall Showgrößen geworden. Talent und harte Arbeit haben sie dort hingebracht. Heute müssen Sie – egal ob öffentlich rechtliche Rundfunkanstalten oder Privatsender – nach Möglichkeit das Abitur haben. Dann geht es über das Praktikum und Volontariat weiter. Sie müssen mindestens zwei Jahre Ausbildung mit Abschluss vorweisen können. Dazu gehört harte Arbeit und Selbstdisziplin. Egal ob als Moderator, Nachrichtenredakteur oder Nachrichtensprecher.

Ein kleiner Tipp von mir an dieser Stelle: Versuchen sie es mit einem Praktikum bei einem kleinen Sender. Wenn Ihnen die Sache Spaß macht, versuchen Sie es anschließend mit einem Volontariat. Auch kleinere Sender bilden hervorragend aus. Gerade hier haben Sie die Chance, in alle Bereiche hinein zu schnuppern. Sei redaktionelle Arbeit für Beiträge oder Nachrichten, Straßenumfragen oder Moderation. So können Sie frühzeitig feststellen, was Ihnen am besten liegt, oder den Vorstellungen entspricht.

Heutzutage finden wir auch ganz unterschiedliche Lebenspläne, die nicht mehr klassische Wege beschreiten, sondern um die Ecke gehen. Abiturienten starten mit einer Schlosserlehre, um dann Maschinenbau zu studieren und erfolgreiche Konstrukteure oder Star-Designer zu werden. Wer seinen wissenschaftlichen Weg geht und dabei sein Talent pflegt, lernt auf jeden Fall, sich durchzubeißen und Klausuren vorzubereiten, gewissenhaft zu arbeiten, Referate vor Publikum zu halten – eine wissenschaftliche Vorgehensweise also, die dem späteren Leben als Star nicht schaden kann. Hier werden gute Fundamente gelegt. Für manche Hoch- oder Fachhochschulen sind Zulassungsprüfungen zu absolvieren, etwa weil der Andrang so groß ist. Wer möchte nicht Journalistik an einer renommierten

Hochschule studieren? So wie Maschinenbau in Aachen die eine Eintrittskarte für eine gute Position als Ingenieur bedeutet. So gibt es auch für Medien, Schauspiel oder Architektur anerkannte Renommee-Unis. Da will natürlich jeder hin, deshalb muss eine Auslese stattfinden, um das Talent der Bewerber zu erkennen.

**Der Weg über Privatschulen.** In der Journalistik haben sich in einer Zeit, als wissenschaftliche Grundlagen für den Beruf noch nicht gefordert wurden, Privatschulen etabliert. Journalist ist bis heute keine geschützte Berufsbezeichnung.

Journalist darf sich auch der Blogbetreiber im Internet benennen, der Schülerzeitungsredakteur oder wer ein Vereinsblättchen herausgibt. Erst wer bei einem Zeitungs-, Zeitschriften-Verlag oder einer Rundfunk-/Fernsehanstalt einen festen Vertrag als Redakteur hat, darf die geschützte und mit Qualitätsprüfmerkmalen belegte Berufsbezeichnung „Redakteur" führen. So wollen Verlage mit ihren eigenen Journalistenschulen sicherstellen, dass qualifizierter Nachwuchs entsteht.

Heute sind die privaten **Journalistenschulen** gefragter als wissenschaftliche Hochschulen. Denn hier werden künftige Star-Journalisten „on the job" gedrillt – gepaart mit dem Wissen, das für Redakteure, Reporter und Moderatoren wichtig ist. Sie bekommen Kamera-Training ebenso wie Mikrofon-Technik vermittelt, blicken in die Abläufe eines digitalen Ton- und Rundfunkstudios, gehen selbst „on air", reisen als Reporter um die Welt und in Krisengebiete, beißen sich durch, führen Interviews und lernen zu recherchieren. Die Aufnahmeprüfungen sind beinhart; nur die Besten kommen durch. Auch private **Schauspielschulen** bilden zielorientiert Nachwuchs für Bühne, Film oder Fernsehen aus.

Besondere Eigenarten sind bei der Aufnahmeprüfung zu berücksichtigen, etwa, dass man vorsingen oder vorspielen muss, vorturnt oder kurz monologisiert, eigene Texte einreicht oder spontan Aufgaben erfüllt. Gerade wer schriftstellerisch tätig ist, für den sind Arbeitsproben oft mehr wert als Zeugnisnoten. Und so gibt es auch private Akademien für Medien-Design, Musikschulen, Instrumentenkurse, **Schulen** für bildende und darstellende Kunst, bestimmte Sportschulen/Sportinternate und so weiter, wie für angehende Dirigenten, Bildhauer, Comedy-Stars, Filmdarsteller, Drehbuchautoren, Regisseure oder Regieassistenten, Maler, Schauspieler und viele mehr. Da es sich um private Einrichtungen handelt, muss man hier auch selbst und oft tief in die eigene Tasche greifen – im Gegensatz zu staatlichen Schulen, wenngleich auch hier durch Studiengebühren in manchen Bundesländern ein Wandel stattgefunden hat.

Auch **Privatlehrer**, etwa für Violinen- oder Klavierunterricht, können Star-Karrieren befördern. Wer das Glück hat, von einem Star trainiert zu werden, der hat den Sechser im Lotto. Nicht immer muss eine Ausbildung auf einer privaten Schule/Akademie auch in Vollzeit laufen; manchmal findet die Weiterbildung auch schon neben einer beginnenden Tätigkeit in Teilzeit, also an Wochenenden oder in den Abendstunden und Ferien (Seminare/Sommersemester), statt. Auch ein Fernstudiengang und Auslandsaufenthalte sind denkbar.

Wer mit seinem Talent supergut ist, kann auch auf ein Stipendium hoffen (entweder auf Antrag oder als entdecktes Talent auf Einladung).

*So kenne ich einen Zeitungsredakteur, der für eine lokale Zeitung in einer 50.000-Einwohnerstadt geschrieben hat. Als er sagte: „Ich werde einmal für die großeZeitung mit den vier Buchstaben schreiben", wurde er milde belächelt. Er hat es geschafft, bekam von dieser ein Stipendium und ist heute ein sehr bekannter Reporter und stellvertretenden Chefredakteur. Seine Hartnäckigkeit, seine Zielvorstellung, seine harte Arbeit und sein Wille haben ihn dorthin gebracht.*

Weitere Voraussetzungen sind manchmal in einigen Berufszweigen wie Bildhauerei, Hochleistungssport oder als Koch körperliche Belastbarkeit, und diese ist durch einen Gesundheitscheck (ärztliches Attest) nachzuweisen. Köche brauchen zusätzlich den Nachweis des Gesundheitsamtes, dass sie frei von ansteckenden Krankheiten sind.
Wer mit Lebensmitteln arbeitet, braucht die Unbedenklichkeitsbescheinigung.
Ein Mindestalter wie beispielsweise die Volljährigkeit wird zum Beispiel für angehende Schauspieler verlangt. Da private Schulen schon sehr spezialisiert sind, kommt es bei der Aufnahmeprüfung nicht so sehr auf die Zeugnis-Noten an, sondern schon aufs Talent. Tests sind so angelegt, dass solche Fähigkeiten besonders berücksichtigt werden.
Viele Privatschulen verlangen auch eine gewisse Schulbildung wie Realschulabschluss oder (Fach-) Abitur. Doch mehr noch als Noten zählen vor allem auf Schauspielschulen Spontanität, Darstellungs- und Ausdruckskraft,
Konzentrationsfähigkeit, Stimme, Improvisationstalent und Aussprache, Beweglichkeit, Tanz- oder Rhythmusvermögen. Ein Schauspieler sollte sich in möglichst viele Rollen spontan hineinversetzen und

sie perfekt nachspielen können. Die Wirkung auf den Zuschauer ist wichtig: Kann ich einen Charakter wie den alten verdatterten Opa, die aufgekratzte Lady oder die treusorgende Mutter nachspielen? Üben kann man das übrigens ganz gut als Statist / Komparse bei den zahlreichen Fernsehformaten wie Gerichtsshows oder Familiendramen. Für ein gutes Taschengeld darf man nämlich mitspielen, und wer einmal überzeugend die weinende Zeugin vor Gericht dargestellt hat, wird bestimmt wieder „gebucht". Selbst Aufnahmeprüfungen müssen oft von den Kandidaten selbst bezahlt werden. Hier sollte man sich in den Internetauftritten der einzelnen Schulen rechtzeitig über die Institutionen erkundigen: Worauf legen diese Wert, was wird unter Umständen abgefragt, welche Kenntnisse werden von mir verlangt und so weiter? Melden Sie sich rechtzeitig, denn der Andrang ist groß.

Heutzutage sind selbst die Bewerbungsformulare im Internet herunterzuladen. Lesen Sie zwischen den Zeilen, dann erfahren Sie auch, was wichtig sein könnte. Zum Beispiel: Wenn nachgefragt wird, ob Sie schon eigene Texte veröffentlicht haben oder wo Sie bereits aufgetreten sind, packen Sie gleich die Belege mit ein. Haben Sie ein Video von einem gelungenen Sketch, dann geben Sie den Prüfern eine Kopie oder den YouTube™- Link. Wichtig sind natürlich auch gewonnene Preise und Auszeichnungen, und wenn es nur die beste Schülerzeitung war, die Sie als „Chefredakteur" verantwortet haben.

Der **Traum Popstar**: Natürlich träumen die meisten von einer Karriere als Musiker. Im Bereich Musik gibt es wiederum eine Vielzahl unterschiedlicher Grundlagen für eine spätere Karriere – zum Beispiel als Sänger, Dirigent, Opernsänger, Instrumentalist oder Sänger am Klavier und mit Gitarre, als

Bandmitglied einer Boygroup oder eines Duetts. Natürlich ist die Musikindustrie ein Milliardengeschäft, aber auch hier verdient man seine ersten Flocken nicht im Flug, sondern nach solider Grundausbildung. Es ist nie verkehrt, etwas von Tontechnik und Akustik zu verstehen. Dann kann einem später auch niemand etwas vormachen, wenn Sie selbst einmal auf der großen Bühne stehen.

Wie Sie auch als Starfotograf oder Bildmanager nicht alle Kniffe der Beleuchtung selbst beherrschen müssen; Sie sollten aber wissen, was machbar ist, um es auch in Ihrem Job einzufordern. Die Kenntnis darüber, dass etwas machbar ist, versetzt Sie in eine ganz andere Position. Und so ist es gerade für künftige Musikstars auch interessant zu wissen, wie Verträge in diesem Metier aussehen oder Rechte durchgesetzt und geschützt werden, wie man Musiktitel vermarktet und auch sein Geld bekommt. Gehen Sie also auch hier den Weg über ein solides Gerüst. Meistens muss man seine Stimme bei speziellen privaten Stimmbildnern verfeinern. Solche Spezialisten findet man auch bei Chören, die vor jedem Auftritt mit bestimmten Muskelübungen trainieren, um die Stimmen optimal einzustellen – eben wie auch eine Gitarre oder Klavier. Den Ausdruck in Ihrer Stimme sollten Sie ebenso verfeinern wie Ihr Repertoire an Songs und auch Eigen-Kreationen. Komponieren und Texten gehört eben auch zum Musikgeschäft. Gold wert ist, wenn Sie einen bekannten „Vorsänger" haben, der Ihnen quasi die „Flötentöne" beibringt. Denn oft braucht man entsprechende Vorbilder, um sein eigenes Potenzial zu entwickeln. Wer tausendmal mit einem übt und vorsingt, dem kann man auch folgen – wie beim Tanzen. Eine bestimmte Bewegung, Figur oder Laufschritt übt man am besten, wenn jemand vortanzt

– insbesondere im Ballett. Das Abschauen und Nachmachen ersetzt quasi das Lehrbuch im privaten Musik- und Tanzunterricht.

Gehen Sie also bei guten Meistern ihres Fachs in die Schule.

Auch eine **Karriere in der Kunst** geht über solides Handwerk, insbesondere bei der bildenden Kunst wie Bildhauer. Auch hier wieder: Suchen Sie die Nähe zu Künstlern, die es schon zu etwas gebracht und einen Namen haben. Schauen Sie den Meistern über die Schultern und kupfern Sie deren Techniken ab. Dann entwickeln Sie daraus Ihren eigenen Stil. Auch in der Malerei – ob Pastell oder Aquarell – sollten Sie erst einmal die Grundtechniken mit all ihren Facetten in Privatkursen erlernen. Oft bieten bekannte Künstler Kurse in malerischer Landschaft an. Stellen Sie Ihr eigenes Ausbildungskonzept zusammen. Vom handwerklichen Grundkurs bis hin zu bestimmten Techniken. Buchen Sie Workshops unterschiedlichster Couleur. Vor allem müssen Sie ja erst einmal herausfinden, welche Technik und welcher Stil Ihnen liegen. So mancher berühmte Künstler hat mit Skizzen angefangen, um dann zu opulenter Ölmalerei zu finden. Betrachten Sie mal van Gogh oder Picasso in ihren unterschiedlichen Schaffensperioden, dann werden Sie sich wundern, welche Sprünge Künstler gemacht haben. Man wächst ja mit seiner Kunst; wer meint, früh fertig zu sein und seinen Stil gefunden zu haben, hört eigentlich auf, ein Großer zu werden.

Eine bekannte deutsche Oldie-Band, die heute noch tourt und seit fast 60 Jahren auf der Bühne steht, hat folgenden Leitsatz:
*Wenn Du denkst, du hast alles erreicht, bleibst Du stehen.* Wie wahr!

Als Künstler können Sie beispielsweise mit einer Ausbildung zum technischen Zeichner beginnen, sich über Architektur weiterentwickeln und dann in Ihrer ersten Vernissage mit eigenen Objekten landen. Es ist auch ratsam, seinen Hauptberuf so lange zu behalten, bis sich Ihre künstlerische Ader lohnt und etabliert hat. Einfach ins kalte Wasser zu springen, ist gerade als Künstler riskant. Sie können malen, zeichnen, auch als Gerichtszeichner, Skulpturen aus unterschiedlichen Materialien herstellen; heutzutage sind Installationen, Video- und Computerkunst stark im Kommen. Man spricht sogar vom so genannten Medienkünstler. Wie gute Cutter greifen sie Fetzen von Alltäglichem auf und kreieren sie zu neuen Kunstobjekten. Installationen können aus Video, Audio und Life-Action bestehen. Kunst ist dermaßen in Bewegung, dass eigentlich jeder heutzutage in diesem Metier an den Start gehen kann, um ein Star zu werden. Aber: Das Geschäft ist hart; man muss seine Kunst präsentieren, und für Künstler zählen erfolgreiche Vernissagen und Einladungen zu bekannten Ausstellungen. Wer also im New Yorker Museum of Modern Art ausgestellt hat, kann das in seiner Vita aufnehmen, wie an anderer Stelle schon einmal betont habe.. Das zählt und danach werden die Objekte bewertet, das macht auch den Preis der Kunst aus. Sie müssen als Künstler ausstellen, Galerien finden, die Ihre Kunst anbieten und Ausstellungen für Sie arrangieren.

Wer im **Sport Karriere** machen möchte, hat dazu gleich mehrere Möglichkeiten. Es gibt bei der Bundeswehr Sport-Förderkompanien, die nach dem Grundwehrdienst meist Talente komplett für den Sport freistellen. Regionale und nationale Hochburgen sichten oft Nachwuchstalente am Rand von Jugend-Auswahlspielen/-Wettkämpfen und bieten dann entsprechende Förderschulen an: im Handball, Basketball, Skisprung, Skilanglauf, Leichtathletik, Radfahren, Turnen und so weiter. Im Fußball sind es eher die Vereine, die ihre Späher aussenden. Da kann schon mal ein 15-Jähriger von Real Madrid oder Manchester United gesichtet und „eingekauft" werden. „Gedraftet" nennen das die Eishockeyprofis in USA (Nachwuchsrekrutierung).

Aber erst die richtige Schule bringt einem die Tricks bei, um die letzten Zentimeter zum Olympiasieg herauszuholen oder die beste Technik für einen „Knipser" im Fußball zu erreichen. So sagt man bekanntlich: Der Stürmer mit dem Torinstinkt. Er entscheidet häufig ein Spiel. Oder nehmen Sie Schwimmer. Auch hier kommt es in einer guten Schule mit einem Weltklasse-Trainer darauf an, die entscheidenden Tricks zu lernen – aber eben auch eine starke Psyche zu haben. Denn Siege passieren auch im Kopf. Wer nicht richtig und cool auf den entscheidenden Wettkampf eingestellt ist, versagt im letzten Moment und mit ihm die Nerven.

Die Regel ist das **Sportinternat** mit angeschlossener Schule/Gymnasium. Damit die jungen Talente nicht nur ihren Sport im Kopf haben (und vielleicht schon die Dollar-Zeichen in den Augen), wird ihnen ein Ausbildungsfundament dazu „verabreicht".

Selbstverständlich müssen sportliche Talente nachgewiesen werden, um solche Sportinternate besuchen zu dürfen, und gute schulische Leistungen. Man will sehen, ob die Kandidaten Doppelbelastungen aushalten. Denn der Druck im Leistungssport wird später immer größer. Und mal ganz ehrlich: Wer traut einem angehenden Sportler nachhaltigen Erfolg zu, wenn er es schon in der Schule nicht packt?

**Karrieren in den Medien** sind verlockend, weil sie sozusagen die Transmissionsriemen zu bekannten Persönlichkeiten und Beziehungen sind. In den Medien begegnet man Stars und Sternchen, bekannten Moderatoren und Journalisten, Persönlichkeiten des öffentlichen Lebens sowie einflussreichen Menschen. Seien wir mal ehrlich: Es ist immer ein Geben und Nehmen, auch bei solchen Personen. Beispiel: Ein bekannter Journalist interviewt einen Star; der will gut in der Öffentlichkeit dastehen und verdient damit auch sein Geld. Warum sollte der Journalist nicht davon profitieren, indem der Star ihm dazu verhilft, andere Promis vors Mikrofon zu bekommen und damit selbst zu einem Star zu werden, nämlich einem Star-Journalisten. Als Journalist profitiert man noch auf andere Weise von seinem Job: Man ist bei großen Events dabei, darf Backstage die Luft der Stars schnuppern, bekommt tolle Einladungen und kann ein exzellentes Netzwerk knüpfen, eignet sich Insiderwissen an, was eine gewisse Macht bedeutet. Medien schaffen Öffentlichkeit; Öffentlichkeit produziert Stars und Ruhm – aber **Vorsicht:** Medien können auch vernichten, enthüllen, aufdecken, investigativ arbeiten – siehe Christian Wulff oder Karl Theodor zu Guttenberg. Wer dort tätig werden will, muss also auch die Risiken kennen. Medien bieten eine breite Palette von Ausbildungsberufen, Möglichkeiten und Chancen.

Wie oben erwähnt kann man seine Talente im journalistischen Bereich nutzen und da wiederum in ganz unterschiedlichen Bereichen: Korrespondent, Lokalredakteur, Sportreporter, Polizeireporter, Radiomoderator, Musikredakteur Star-Reporter, Enthüllungsjournalist, Society Reporter oder Quizshow-Moderator.

Dann kommen die verschiedenen Genres wie Fernsehen, Print, Internet oder Radio hinzu, öffentlich-rechtliche und private Sender.

Aus eigener Erfahrung als Moderator, Sportreporter und Interviewer (Vielseitigkeit kann von Vorteil sein, wenn aus Qualität keine Quantität wird) kann ich sagen, was wichtig ist: Sie dürfen keine Berührungsängste haben, müssen gut vorbereitet sein. Sie sollten Fragen stellen, die noch nirgendwo gestanden haben. Der Radiohörer interessiert nicht für das, was schon in der Yellow Press gestanden hat, denn er möchte andere Informationen, einem Fußballstar oder Trainer stellt man andere Fragen als einem Politiker. Ja man kann am Rande eines Fußballspiels sowohl den Sportler als auch den Politiker treffen, wie es mir mit dem schon erwähnten Christian Wulff passiert ist – damals war noch Ministerpräsident von Niedersachsen.

Ein bekannter Sänger aus Schweden, der in den 1970ern riesige Hits hatte, hat mir nach dem Interview gesagt: „Die Fragen hat mir noch keiner gestellt. Woher weißt du das?" Das meine ich mit richtig vorbereitet sein, was natürlich auch eine gründliche Recherche aus verschiedenen Quellen mit einschließt. So erzielt man auch bei den Hörern den „Wow-Effekt". Aber eines sollten Sie beachten: Sie dürfen gerne unbequeme Fragen stellen, aber seien immer fair zu Ihrem Gegenüber. Respektieren Sie, wenn er sich nicht zu seinem Privatleben äußern möchte. Viele Stars legen zu Recht Wert darauf ihre Kinder oder Partner aus dem Geschäft und der Öffentlichkeit herauszuhalten. Bei wichtigen Fragen dürfen Sie aber gerne Nachbohren und hartnäckig bleiben. Große Künstler haben durch die Konzert-Agenturen meist PR-Berater(innen) zur Seite, die vorab ihren Fragenkatalog sehen möchten und manchmal einige Fragen nicht freigeben. Auch das sollen und sollten Sie respektieren.

Stark gefragt ist der **Medien-Designer**, der Internetauftritte und ansprechende Layouts für Zeitungen, Zeitschriften, Magazine und Videos kreativ zaubert. Er weiß, wie man trockene Inhalte aufbereitet und visuell sowie textlich in Szene setzt. Aber auch die Bearbeitung von Bildern, das Erstellen von Grafiken, die Produktion von Film- und Video-Trailern gehört zu seinen Aufgaben. Es gibt bekannte Super-Cutter, die heute Millionäre sind. Ihre Kunst besteht darin, aus Filmsequenzen ein neues Werk zu schaffen – Video- oder Filmkunst nennt man das. Viele Filmeffekte entstehen heute am **Mischpult** mit Hilfe ausgefeilter Software und guter Computer. Gesucht werden solche Fachkräfte von Onlineagenturen, Multimedia Firmen, Internet Agenturen, Online-Redaktionen sowie von Film- und Fernsehproduktionsgesellschaften. Viele der Stars auf Bühnen oder in Film, Funk und Fernsehen haben mit einer grundsoliden Ausbildung an Schauspielschulen oder Theatern begonnen. Auch Akademien für Berufsbildung, Berufsfachschulen, Hochschulen für Mediendesigner mit unterschiedlichen Berufsfeldern wie Mediengestalter in Bild und Ton, Bühnenbildner, Cutter, Filmeditor, Regisseur, Regieassistent und andere, gehören dazu. Nach der Ausbildung sollte man quasi in die Lehre „on the job" zu einem bekannten und erfahrenen Regisseur, Choreographen, Maskenbildner oder Dramaturgen gehen, um sein Talent zu verfeinern. Nichts ist besser für die eigene Karriere, als von einem **Meister seines Fachs** zu lernen. Es gibt ja manchmal solche Typen, die sozusagen Vatergefühle entwickeln und all ihr Wissen nun an jemanden als ihr Vermächtnis „vererben" wollen. So gab es einen jungen Menschen, der spät nach geschmissenem Wirtschaftsstudium seine Vorliebe für Autos entdeckte und eine Ausbildung als Verkäufer einschlug. Er hatte das Glück, einen Autohausinhaber zu finden, der sein gesamtes Wissen, seine Tricks und Kniffe, eben diesem Jungen weiterreichte und aus ihm einen Top-Verkäufer machte. Sie brauchen also auch immer neben einem Mentor ein Quäntchen Glück – und suchen Sie bewusst die Nähe zu Meistern ihres Fachs. Da lernen Sie richtig und fördern Ihr Talent. Wenn man junge Menschen heute fragt was sie (er) gerne machen möchte, bekommt man meist die Antwort: „Irgendwas mit Medien". **Medien** scheint in der heutigen Zeit ein Zauberwort zu sein. Aber nicht zu unrecht, denn es gibt so viele weitere **Berufe in Medien**, etwa den des Fachangestellten für Medien- und Informationsdienste – mit breiter Einsatz-Palette: Archiv, Bibliothek, Dokumentation, auch medizinische Dokumentation, Bildagenturen. Danach könnten Medien- und Pressearchive, Bibliotheken aller Art – von öffentlich bis wissenschaftlich und in Firmen – Interesse an Ihnen finden, aber auch Museen, Archive, Fachinformationszentralen, Datenbanken, Bildstellen und Bildredaktionen, Bildagenturen, Rundfunk und Fernsehen. Heutzutage gibt es ja für alles Fachleute – outsourcen ist in. Redakteure lassen recherchieren, redigieren. Wenn man nur einmal die riesigen Redaktionsstäbe beliebter Publikumsshows nimmt, dann finden sich dort kreative Ideengeber, Gag-Schreiber, Organisatoren. Eigentlich muss der erfolgreiche Moderator nur noch präsentieren, was sein Redaktionsstab erarbeitet hat und flott vor der Kamera und vor Publikum rüber bringen. Für alles werden Fachleute benötigt. Ein erfolgreicher Gag-Schreiber, Ideengeber steht zwar immer im Hintergrund einer großen Show, ist aber ein gutbezahlter Star in seinem Metier. Er liefert schließlich die Witze und Lacher, und das macht eine beim Publikum beliebte Fernsehshow aus. So mancher Gag-Lieferant hat später seine eigene Produktionsfirma etabliert und heute gute Verträge mit Fernsehanstalten, für die er ganze Shows und Serien „Sendereif" konzipiert und erstellt.

Entfernt kann man auch den Kaufmann für Veranstaltungstechnik – und in seiner Vollendung den Event-Manager – zu den Medienberufen zählen. Auch hier gehen Sie entweder den klassischen Weg über eine kaufmännische Fachschule oder ein Fachstudium; allerdings gibt es auch private Ausbildungsmöglichkeiten „on the job", wie ja auch Chemiefirmen zum Beispiel spezielle Berufswege wie den des Chemikanten aus Eigeninteresse und für das eigene Anforderungsprofil „heranzüchten"; sie sind natürlich später bei einem Firmenwechsel schwieriger zu vermitteln. Aber als **Event-Manager** zum Beispiel können Sie ein gefragter Star werden, wenn es Ihnen gelingt, spektakuläre Künstler zu verpflichten oder gar neue Formate zu etablieren. Man reißt sich dann weltweit um Sie wie nach einem Fußballstar. Daneben können als solide Grundlagen in Medienberufen, auch die des Bild- und Tontechnikers, des Film- und Video-Laboranten, des Fachangestellten für Medien und Informationsdienste, des Mediengestalters (früher Setzer, Metteur, Layouter) gelten. Früher galt der Beruf des Grafikers als der kreative Job in den Medien. Sie gestalteten Broschüren genauso wie Prospekte, Flyer, Geschäftsberichte oder Magazine und Zeitungen, entwarfen Grafiken und Schautafeln; besonders kreative zeichneten sogar Comics. Das hat sich heute alles in feine Spezialgebiete aufgelöst.

Und noch eins: Genauso wie es keinen anerkannten Beruf des Journalisten gibt, existieren auch keine verbindlichen Ausbildungswege für heute so wichtige Bereiche wie Cutter, Bühnenbildner oder Filmeditoren. Man muss sich seinen Weg selbst suchen, bei guten Vorbildern in die Lehre gehen oder entsprechende Kurse belegen.

Es ist hier wie im Studium: Viel ist der persönlichen Eigeninitiative überlassen. Seinen Stundenplan muss man schon selbst zusammenstellen, sich die Bausteine für seine persönliche Karriere passend zusammensetzen. Das könnte etwa für den Bühnenbildner so aussehen, dass man vielleicht nach einer Ausbildung als technischer Zeichner, Grafiker, Messebauer oder Mediengestalter herausfindet, wer als Bühnenbildner führend ist oder welche Bühne in dem Metier als das Aushängeschild gilt; man schaut sich unterschiedliche Bühnenbilder an oder liest Kritiken darüber in einschlägigen Fachzeitschriften; danach versucht man, ein Praktikum bei dem einen oder anderen Bühnenbildner oder in einer Bühnenwerkstatt zu erhalten; man arbeitet eigenständig für kleinere Bühnen und entwirft seine ersten eigenen Bühnenbilder; vielleicht geht man dann noch ins Ausland, verfeinert seine Techniken oder praktiziert gar bei einem Bildhauer, einem Maskenbildner, einem darstellenden Künstler. So rundet man seine Kenntnisse ab und startet die eigene Karriere.

Wichtig ist dabei auch, dass man seine eigenen Ergebnisse gut verkauft, hervorragende Kritiken in einschlägigen Blättern erreicht und die Manager großer Bühnen auf einen aufmerksam werden. Sie müssen es am Ende schaffen, dass Sie nur noch der kreative Ideengeber wie der berühmte Maler sind: Sie lösen eine Aufgabe und geben das Ergebnis an Ihre Schüler/Helfer weiter, die es ausführen. Sie korrigieren am Ende nur noch hin zur Perfektion, zu Ihrer persönlichen Handschrift.

Sie sehen also, dass der Weg über ein Talent zum Star über Studium, handwerkliche Ausbildung, Fach- oder Privatschulen gehen kann. Suchen Sie sich also für Ihr Gebiet den richtigen Weg aus.

# Kapitel 10

## Welche Möglichkeiten Sie heute haben.

Natürlich haben Sie heute auch viele Möglichkeiten, den Quereinstieg zur Karriere zu wählen und nicht die Ochsentour durch eine solide Ausbildung zu wählen. Doch Vorsicht: Ein Fundament ist eigentlich immer wichtig, denn man weiß nie, wohin man mal fällt. Deshalb tummeln sich auch – leider – viele gescheiterte Existenzen um eine Schnell-Karriere als Superstar zu machen. Nehmen Sie nur die Ex-Knackis, Schul- und Berufs- Abbrecher bei den Talent-Shows. Ein Quereinstieg kann funktionieren, ist aber hart zu erarbeiten. Mal eben auf der Bühne zu stehen und darauf hoffen, dass der Plattenvertrag winkt, ist oft eine traumhafte Seifenblase, die schnell zerplatzt.

Und das hier natürlich:

**Vitamin B** ist auch hier absolut wichtig. Was ist damit gemeint? Vieles im Leben, vor allem beim Weg zur Star-Karriere, geht einfacher mit Beziehungen. Die Mutter kennt einen berühmten Pianisten, und schon haben Sie als Sohnemann einen hervorragenden Förderer Ihres Musiktalents. Sie selbst kennen noch aus alten Schulzeiten Leute, die heute Manager oder Musikproduzenten sind? Sehr gut. Nutzen Sie diese Kontakte!

Es gibt Popstars, die lange Zeit am unteren Ende der Beliebtheitsskala waren. Erst durch den Wechsel zu einem namhaften Komponisten und Textschreiber kam es dann zum Durchbruch. Beziehungen können hier die Abkürzung sein. Sie sind nicht alles, denn ohne Talent geht´s auch nicht. Aber jemanden zu kennen, der dieses beflügeln kann, ist nicht verkehrt. Also schreiben Sie sich das berühmte „Vitamin B" immer auch imaginär auf die Stirn, damit es mit Ihrer Karriere auch klappt. Jemanden kennen, der jemanden kennt, der berühmt ist....und so weiter.

**Casting-Shows** schießen wie Pilze aus dem Boden. **Quiz-Shows** machen Menschen reich und bekannt. Denken Sie nur an den Berliner Kiosk-Besitzer, der sich nach seinem Auftritt bei dem berühmten TV-Millionenspiel vor Anfragen aus Film, Funk und Fernsehen nicht mehr retten konnte, nachdem er auf dem Ratestuhl gleich zwei Sendungen alleine bestritten hatte. Neben dem Gewinn – bis hin zu einer Millionen – ist der öffentliche Werbeeffekt nicht zu übersehen. Arbeitslose auf dem Ratestuhl können sich vor Jobangeboten nicht mehr retten und Singles haben plötzlich die freie Auswahl.

Oder nehmen Sie den Landwirt, der bei einer anderen TV-Sendung 3,5 Millionen Euro abgeräumt hatte und heute ein bekannter Star ist. Die unterschiedlichen Formate bieten also eine reichhaltige Quelle, ein echter Star zu werden. Man muss sich nur die Mühe machen, dorthin zu gehen und teilzunehmen.

Eines ist klar: Wer erst gar nicht anfängt, hat auch keine Chancen auf den Star-Posten. Sie müssen sich schon trauen. Oder nehmen Sie **Koch- und Tanzshows**. Meistens verkaufen Sender die Eintrittskarten. So können Sie an solchen Serien als Zuschauer teilnehmen. Die Shows sollen ja nicht vor leeren Bänken ausgestrahlt werden.

Gehen Sie hin und hoffen darauf, aus dem Publikum auf die Bühne geholt zu werden. Bereiten Sie sich mit einem kreativen Outfit vor, so dass man auf Sie aufmerksam wird: tolle Frisur, Fashion-Klamotten, super Ausstrahlung und Bewegung – und schon bekommen Sie den besten Platz, wo der Moderator garantiert auf Sie zukommt. Man will doch optische Tupfer im Fernsehen produzieren. Melden Sie sich als Komparsen, nehmen Sie an der Verlosung von Gastrollen teil, etwa in den täglichen Soap-Serien. So manches Mauerblümchen ist hierbei entdeckt worden, hat quasi eine Karriere vom Fahnenträger zum Superstar hingelegt. Das alles sind Karrieren, die unsere moderne Zeit ermöglicht. Greifen Sie nur zu!

Und gehen wir mal weg von Glanz und Glimmer: Auch Taxifahrer, die einen berühmten Künstler chauffieren, oder Postboten mit Promis in ihren Zustellbezirken haben die Chance, durch einen glücklichen Zufall ins Rampenlicht zu rücken. Oder nehmen Sie den Architekten, der durch eine geniale Idee ein Super-Bauwerk, eine Brücke oder einen öffentlichen Platz konstruiert: Plötzlich ist er in aller Munde.

Bislang unbekannte Anwälte haben mit einer genialen Prozessführung Erfolg und stehen in allen Medien. Heutzutage kann man so leicht übers Internet auf sich aufmerksam machen, auch wenn Sie in einem noch so trockenen Metier arbeiten.

Natürlich können Sie auch **selbst** die Offensive ergreifen und ein eigenes witziges Video produzieren, das auf YouTube™ weitergereicht wird. Virales Marketing nennt das der Fachmann – es verbreitet sich rasend schnell wie ein Virus. Mit einem Online-Video können Sie also heute durchaus zum Star werden. Das Video kann Gesang, Musik, Action, Tanz, Sprechen oder irgendwelche anderen verrückten Dinge enthalten. Sie können sich eine persönliche Community aufbauen wie etwa der ehemalige amerikanische Präsident Donald Trump, dem mit die größte Fangemeinde auf Twitter nachgesagt wird. Damit hat er erfolgreich die Wahl gewonnen und ist so zum mächtigsten Mann der Welt geworden. Ex-Präsident Barack Obama und sein cleveres Team gelten als die Erfinder des Internet-Wahlkampfs. Vor allem haben Sie die Möglichkeiten des World Wide Web genutzt, indem Sie genau ihre „Followers" studiert haben: Wo sie wohnen, wer sie sind, welche Jobs sie haben, wie alt sie sind, aus welchen Schichten sie kommen, wie sie denken, welchen Lebensstil sie pflegen. So konnte Obama sehr zielgenau seine Community ansprechen und bei ihnen werben. Nutzen auch Sie die Möglichkeiten des Webs für Ihre Karriere – etwa mit einem **Internet-Business**. Es ist heute so einfach, digitale Produkte zum Beispiel übers WWW zu verkaufen und so zum Star zu werden, nämlich zum Internetmillionär. Sie können Videos verkaufen, Email-Kurse zum Bereich Werbung im Internet (Marketing-Seminare), Fotos oder eBooks. Gleich mehrere Vorteile bieten sich Ihnen hierbei, zum erfolgreichen Star zu werden. Digitale Verkaufsprodukte stellen Sie nur einmal her und kopieren Sie danach so oft, wie Sie wollen. Sie haben keine Lagerhaltung, keine Versandkosten, keinen Ärger mit Kunden und bekommen Ihr Geld sofort übers Internet online überwiesen. Darüber hinaus haben Sie zahlreiche Optionen, im Internet kostenlos zu werben. Wer sich da reinkniet, kann ganz schnell seine persönliche Unabhängigkeit erwerben und leben wie ein Star.

Sind das nicht traumhafte Perspektiven, frei zu sein und dort zu arbeiten, wo andere Urlaub machen? Denn Internet-Business können Sie von jedem Platz der Welt aus betreiben. Sie sind frei von lästigen Chefs, festen Arbeitszeiten, langen Anfahrtswegen, Parkplatzsuche – ein sehr angenehmes Starleben also!

Oder nehmen Sie die steilen Karrieren der vielen Nachwuchs-Comedians. Sie sind zunächst in Kneipen und auf privaten Festen klein aufgetreten, haben sich sozusagen dort warm geredet, bis sie an Nachwuchswettbewerben des Fernsehens teilnahmen und entdeckt wurden. Heute leiten sie eigene Fernsehshows und tingeln über die Bühnen des Landes. Ein Blick in die Karrieren etablierter Stars zeigt: Alle haben einmal ganz klein angefangen und sich unermüdlich hochgearbeitet. Ihre Talente waren oft nur eine „große Klappe", Schlagfertigkeit und Witz. Aber damit haben sie als Gastredner oder freier Mitarbeiter im Rundfunk angefangen oder Nebenrollen auf Theaterbühnen gespielt. Dabei kann auch als natürliches Talent einfach nur die Stimme entdeckt werden, auf die man selbst nicht gekommen ist. Doch andere sagen einem: „Mensch, Deine Stimme eignet sich als Nachrichtensprecher oder für die Werbung." Andere begannen als Stimmen Imitatoren oder Synchronsprecher für TV-Figuren. Die Filmstimmen berühmter Leinwandhelden verdienen auch nicht schlecht.

Oder das eigene Aussehen kann von anderen als Talent entdeckt werden, etwa wenn Fotografen einem unauffällig ein Kärtchen in die Hand drücken und sagen: „Mit Dir würde ich gerne mal ein paar Aufnahmen machen!" Man selbst sieht sich nicht als „Beauty", aber solche Fachleute haben ein Gespür für Geschmack: Der eine eignet sich als Model für Unterwäsche, eine andere eher zur Präsentation der neuesten Mode auf den Laufstegen der Welt. Andere werden durch ihre anmutigen Bewegungen für Film und Fernsehen entdeckt. Wieder andere könnten überzeugend Produkte anbieten. Ein Talent als Promoter oder Propagandist kann sich ganz gut am Umsatz messen lassen – denken Sie nur an die Marktschreier, die reißenden Absatz haben. Manchmal schlummern in uns Talente, von denen wir nicht wissen, dass es sie gibt. Hören Sie also auch auf das Urteil von außen. Vertrauen Sie dem Fachmann, der sagt: „Du bist aber fotogen!" Wir kennen das doch: Selbst mag man sich nicht auf Bildern sehen, weil man immer das Gefühl hat, unvorteilhaft auszusehen. So ist es auch mit der eigenen Stimme, die einem fremd vorkommt, wenn man sie selbst einmal hört.

*Letzteres kann ich als Moderator bestätigen. Man findet an seiner eigenen Stimme nichts besonders und wundert sich, dass Hörer sie gut finden und sie einen gewissen Wiedererkennungswert bescheinigen.*

Draußen gibt es aber auch Spezialisten, die die Qualität von Stimmen richtig Einschätzen können und erkennen, wo Potenzial steckt. Vertrauen Sie nur darauf und gehen Sie mit ihnen den Weg – zum Star! Sie sehen also auch: Es ist oft wichtig, die eigene Scheu abzulegen und der eigenen Einschätzung zu misstrauen. Sie haben vielleicht noch gar nicht die Kraft Ihrer Augen entdeckt. Glauben Sie Menschen, die Ihnen sagen: „Deine Augen ziehen mich magisch in den Bann!" Dann machen Sie etwas daraus und setzen Ihre Augen gezielt ein, denn Ihre Augen sind eben Ihr Talent. Oder Ihre Leichtigkeit, mit der Sie Fremdsprachen lernen und sprechen. So mancher hat ein natürliches Sprachtalent, das heute in einer globalisierten Welt mehr als gefragt ist. Früher waren Sprachen nicht so wichtig, heute dagegen umso mehr: in Europa, in internationalen Organisationen, auf Wirtschaftstreffen. Werden Sie also zum Spitzen-Dolmetscher und Übersetzer und Helfer fürs internationale Business. Sie haben eine diplomatische Ader? Was hindert Sie also daran, Top-Diplomat auf internationalem Parkett zu werden oder Konsul für ein fremdes Land in Ihrer Heimat? Betrachten Sie sich in Ihrer Gesamtheit, entdecken Sie Talente, die oft im Verborgenen schlummern. Wie sagte schon die Bibel: Stelle dein Licht nicht unter den Scheffel.

Talente und sich daraus entwickelte Karrieren sind also recht unterschiedlich: Aussehen, Wissen, persönliche Fähigkeiten, Hobbies, Sprache, Bewegung, Geschicklichkeit, erlernbare Karrieren und dergleichen mehr. Sie haben also ein breites Repertoire, selbst Ihren eigenen Erfolg zu starten. Nutzen Sie **soziale Netzwerke** wie Twitter™, YouTube™ oder Facebook™ und andere für Ihre Karriere. Solche Netzwerke wie auch eigene Blogs sind heutzutage die Beschleuniger für Ihre Star-Karriere.

# Kapitel 11

## Wie funktioniert das mit Castings und Co.?

Etwas davon haben wir oben schon gehört. Klassisch geht das so: Schauen Sie intensiv im **Anzeigenteil** Ihrer Tageszeitung, des Anzeigenblatts und in entsprechenden **Suchmaschinen** des Internets. Überall werden **Castings** angeboten und Leute dafür gesucht. Bewerben Sie sich aussagekräftig, am besten mit passenden Fotos und Texten. Dabei kommt es darauf an, für was gecastet wird: Fotografie, Theater, Film, Funk, Fernsehen, Video, Schauspiel, Gesang, Action.

Nehmen wir nur einmal das Beispiel Fotografie als Model für Mode. Sie brauchen in der Regel eine so genannte eigene „Sedcard". Früher waren das gute professionelle Fotos in den entsprechenden Posen für Fashion-Klamotten, dazu ein paar persönliche Angaben wie Name, Alter, Haarfarbe, Körper- und Kleidergröße, bei Frauen noch die Körbchengröße, Hobbys, Verfügbarkeit, Telefonnummer und so weiter. Heute hilft einem dabei das Internet. Mit entsprechenden Programmen kann man wie seine eigene Webseite auch seine Sedcard herstellen. Und man erwartet eigentlich auch im Internetzeitalter einen eigenen **Webauftritt**. Um sich als Model zu bewerben – auch Blindbewerbungen bei Model-Agenturen, Fotografen und Modedesignern – ist dies das A und O eines möglichen Karrierestarts. Mit etwas Glück (wenn die Jury Sie in der Vorauswahl berücksichtigt hat) werden Sie eingeladen und müssen dann wie auf dem Catwalk „vorlaufen" und sich präsentieren beziehungsweise die Kleider, die Sie tragen. Sie sollten sich dazu einmal intensiv Modepräsentationen im Fernsehen oder Internet ansehen: Wie machen das die Stars, wie bewegen Sie sich, wie präsentieren Sie Mode? Kopieren Sie das für Ihren Casting-Auftritt und legen Sie eine perfekte Show hin; dann haben Sie die Chance, Ihren ersten Auftrag zu bekommen.

Andere Castings können sich auf **Gesang** oder **Sprechrollen** beziehen. Dann bereiten Sie einen Song vor, der die Jury überzeugt. Gehen Sie davon aus, dass Sie ohne begleitende Musik singen müssen. Und stehen Sie bitte nicht wie ein steifer Klotz vor den Juroren, sondern zeigen Sie selbstsichere Körperbeherrschung, Eleganz, Rhythmus und Tanz. Bewegen Sie sich. Denn heute gehört ein Gesamt-Unterhaltungspaket dazu. Kein Geringerer als Michael Jackson beherrschte die Kombination aus Tanz und Gesang so perfekt. Ja, Sie müssen eine Bühnen-Choreografie abliefern. Geht es um Theater-/Sprechrollen, dann sollten Sie entsprechende Texte auswendig und perfekt vortragen, mit der richtigen Betonung und ausdrucksstark. Man will sehen, dass Sie die Rolle auch wirklich leben: Sie sind der, den Sie spielen. Das zeichnet einen „Actor" schauspielerisch aus. Und das überzeugt die Jury auch.

Bei den **modernen TV-Casting-Shows** sind erst mal Fleiß und Mut gefragt. Auch kommt es hier auf Ihre Originalität an, den Einfallsreichtum, Ihre Kreativität. Bleiben Sie authentisch – Ihre eigene Marke. Sie müssen aus der Masse hervorstechen. Bieten Sie etwas Besonderes an, was die anderen nicht haben. Das ist wie bei einer Bewerbung: Bleiben Sie klassisch, sind Sie im Stapel einer von vielen. Witzig und erfinderisch stechen Sie hervor und erzeugen Aufmerksamkeit beim Personalchef. So geht Bewerbung heute, und genau so sollten Sie in Castings antreten. Betrachten Sie das mal aus der

Vergangenheit, wie verrückt manche Kandidaten aufgetreten sind – und gewonnen haben, zumindest in der öffentlichen Aufmerksamkeit. Sie brauchen auch **gute Berater**, die nicht schleimen und Ihnen nach dem Munde reden, sondern offen und ehrlich Ihren Auftritt betrachten, um ihn zu optimieren. Üben und üben Sie vorher – vor dem Spiegel und in der Familie. Wie kommen Ihr Gesang, Ihre Bewegung und Ihr Tanz an? Wie dramaturgisch ist Ihre Theaterrolle oder Ihr Sketch? Kann man darüber lachen oder interessiert folgen? Die Jury ist gnadenlos und kritisch – nur die Besten kommen in die Endrunde. Da brauchen Sie Durchhaltevermögen. Und immer neue Ideen. Sie müssen einstecken, denn der **Futterneid** unter zehn Endkandidaten ist brutal – bis hin zu persönlichen Verletzungen, die nicht selten auf der offenen Bühne vor Publikum ausgetragen werden. So mancher hält das rein nervlich nicht durch. Neben guter Ausstrahlung sollten Sie auch daran arbeiten, Ihre eigene Fangemeinde aufzubauen. Denn die wird später wichtig, wenn das Publikum mit abstimmt. Setzen Sie lokale Medien ein, indem Sie Home Stories anbieten, Exklusivinterviews; veranlassen Sie lokale Sender dazu, Voting-Partys zu organisieren, um so möglichst zahlreiche Anrufer zu generieren.

Wer erfolgreich eine Million Euro gewinnen und dabei auch noch berühmt werden will, kann sich bei der Quizshow zunächst im Internet selbst testen und dann auch übers World Wide Web versuchen teilzunehmen. Ähnlich machen es andere Formate in Radio und Fernsehen auch. Wie überall im Leben muss man sich trauen. Es gibt Menschen, die damit ausgesprochenes Glück haben. Sie sahnen Eintrittskarten ab, gewinnen kostenlose Urlaube, erhalten Weinpakete und dergleichen mehr. Teilnehmen und machen heißt hier die Devise. Wer nicht wagt, der nicht gewinnt, lautet das Sprichwort. Und wer nicht anfängt, sein Talent endlich zu vermarkten, wird seinem verpassten Glück ewig hinterher trauern. Natürlich kann man nicht zu jeder Casting-Show persönlich durchs Land reisen. Das muss man auch heute nicht. Oft bieten die Veranstalter Möglichkeiten an, sich in sogenannte Bewerberlisten einzutragen – online wie auch offline. Wichtig dabei ist, dass man gleich eine gute „Visitenkarte" hinterlegt. So erreicht man einen Aha-Effekt und wird beachtet.

Sie können auch nicht erwarten, dass es gleich beim ersten Mal mit Ihrer Karriere klappt. Manche Ratefüchse haben sich jahrelang bei TV-Rate-Shows beworben, bis sie endlich auf dem berühmtesten Stuhl der Nation saßen, bekannt wurden und manchmal auch die Million mit nach Hause nahmen. Sie müssen Rückschläge einstecken können und dann auch wieder aufstehen. Nur Beharrlichkeit führt zur Star-Karriere. Vielen geben zu früh auf oder versuchen es erst gar nicht. Nehmen Sie es mit einem Schuss Humor – nach der Devise: „Die erste Million ist immer die schwerste, also fange ich gleich bei der zweiten an!"

Wer eine Karriere starten will, braucht Hartnäckigkeit und Biss. Der muss einstecken können und aus Niederlagen lernen. Nehmen Sie sich nicht gleich zu viel auf einmal vor. Das ist nämlich der größte Fehler. Gehen Sie strategisch vor und teilen Sie die Weiterentwicklung Ihres Talents in überschaubare Schritte ein. Wichtig ist, ein **Ziel** zu haben und von einer **Vision** beseelt zu sein – immer natürlich vorausgesetzt, dass Sie ein wirkliches Talent auf einem Gebiet haben. Dann leben Sie Ihren Traum zielgerichtet, Schritt für Schritt. Der psychologische Trick dahinter:

Haben Sie einen kleinen Schritt geschafft, baut Sie das wieder für die nächste Etappe auf. Belohnen Sie sich selbst mit Geschenken, wenn Sie es wieder einmal geschafft haben. Die Karriere in Schritten zu erreichen, ist sehr effizient. So haben es die meisten Stars geschafft. Sie sind nicht von heute auf morgen ein Star, selbst wenn Sie wie aus dem Nichts einen großen Wettbewerb plötzlich gewonnen haben (auch der war schon ein hartes Stück Arbeit!). Aber danach geht's erst richtig los. Ruhen Sie sich auch nie auf Erfolgen aus; das Geschäft ist hart und schnelllebig. Bleiben Sie ständig am Ball, denn man kann als Star auch tief fallen! Sicheren Sie also auch immer wieder Ihre erreichte Karriere ab, selbst wenn Sie meinen, bereits genug verdient zu haben. Man kann nie genug bekommen – und mal ehrlich: Wollen Sie sich mit 25 oder 30 Jahren schon auf die faule Haut legen? Mal Ehrlich: Das macht doch nur schnell depressiv. Bleiben Sie auch in Ihrer Karriere aktiv am Ball so lange sie es mental und physisch schaffen. Halten Sie sich damit selbst fit.

# Kapitel 12

## Wie erwecke ich Aufmerksamkeit?

Natürlich kommt es darauf an, sich zu verkaufen. Denn ohne **Bekanntheit** wird man kein Star. Sie müssen also auf der gesamten Klaviatur der heutigen Möglichkeiten spielen. Das fängt damit an, dass Sie ein gutes Video produzieren und in den sozialen Netzwerken platzieren. Es geht über den Aufbau von Emaillisten möglichst passgenau zu der Community, die Fan Ihres Talents ist. Möglichst viele Followers in den Netzwerken müssen Sie regelmäßig mit Infos bei Laune halten. Nutzen Sie die vielfältigen kostenlosen Werbemöglichkeiten des WWW. Schreiben Sie (oder lassen schreiben) kleine Presseartikel über sich und Ihr Talent und stellen diese auf den Portalen ins Netz. Blogs und Foren sollten Sie ebenfalls für sich nutzen. Diskutieren Sie bei anderen mit und machen so auf sich aufmerksam.

Der ehemalige US-Präsident Obama hat das perfekt im Wahlkampf geschafft. Mit Google kann man heutzutage zum Beispiel sehr genau feststellen, wen man vor sich hat: Alter, Wohnort, Interessen, Ausbildung, Beruf und so weiter. Sie haben die Infos, also greifen Sie passgenau an. Ihre Fangemeinde will ständig Neues von Ihnen erfahren, also sollten Sie Ihre Blogs auch immer aktualisieren oder permanent Neues twittern. Wichtig ist, dass Ihre Auftritte sehr originell sind und weitergereicht werden. Sie müssen Ihre Community, die Sie zum Star macht, permanent erweitern – wie ein Virus, das sich selbst verbreitet. Neuerdings können Sie auch Ihre eigenen **Apps** produzieren und ins Netz stellen. Man muss immer mit der Zeit gehen und die aktuellen

Kommunikationskanäle wählen. App´s sind die kleinen quadratischen Zeichen, die Sie mit der Smartphone-Kamera auf Ihr Handy laden. Dort öffnen sich dann die hinterlegten Seiten – zum Beispiel Ihr Werbeauftritt im Internet.

Denken Sie aber immer daran: Menschen müssen **Ihr Talent erkennen** und davon erst einmal erfahren. Wir haben über die Möglichkeiten des Netzes gesprochen. Manchmal geht die **Tour** aber auch über die Dörfer und durch die Schützenzelte. Treten Sie auf Privatfeiern und Stadtfesten auf. Nutzen Sie Casting-Shows und Wettbewerbe aller Art dazu. Treten Sie auf Amateurbühnen auf, auf denen Sie die Reaktion von Publikum testen können. Jubiläen und Firmen-/Weihnachtsfeiern sind weitere Betätigungsfelder, auf denen Sie Ihr Talent zur Schau stellen können. Sie müssen bekannt werden, wenn Sie erfolgreich Karriere machen wollen. So manches Talent ist direkt von der Kneipentour auf die große Bühne gehüpft. Denn dort lernen Sie erst einmal, mit Lampenfieber umzugehen und vor Publikum aufzutreten.

Viele große Stars und Gruppen sind in Pubs, Clubs und Kneipen aufgetreten und dadurch oftmals entdeckt worden.

Dort laufen Sie sich quasi warm und gewinnen die Sicherheit, die Sie für Ihre Karriere später brauchen. Gehen Sie zum Lokalredakteur Ihrer Heimatzeitung und überzeugen ihn von einem Interview oder einer Home-Story. Schreiben Sie an Ihr Anzeigenblatt eine eigene Story, denn die wollen fertige, gute Geschichten mit Fotos. Sprechen Sie Ihren **Lokalsender** an. Bereiten Sie erste Visitenkärtchen und Flyer vor, die Sie bei jedem Auftritt verteilen können. So werden Sie bekannt. Bieten Sie sich am Anfang auch ohne Gage an, nur damit Sie die Chance bekommen, auf sich aufmerksam zu machen.

Im Modelgeschäft sollten Sie sich bei verschiedenen Agenturen bewerben und Ihre Sedcard hinterlegen. Reichen Sie Texte ein, wenn Sie Journalist oder Literat werden wollen. Heutzutage gibt es zahlreiche Verlage, bei denen Sie **Bücher** relativ preiswert veröffentlichen können, in bestimmten Internetportalen sogar kostenlos. Ob Kinderbücher oder Krimis, stellen Sie Ihre Bücher digital ins Netz. Nehmen Sie an Architektur-Wettbewerben teil und entwerfen Sie bei Ausschreibungen Ihre eigenen kreativen Pläne.

Als Sportler halten Sie Ausschau nach Auswahlmannschaften, Wettbewerben und solchen Ereignissen, wo Trainer und Scouts Talente sichten. Sie brauchen eine Bühne, auf der man Sie entdeckt. Als Musiker müssen Sie alle erdenklichen Möglichkeiten zum **Vorspielen** nutzen.

Für alle Karrieren gilt: Sie brauchen einen eigenen professionellen **Internetauftritt**. Wenn Sie davon selbst nichts verstehen, nutzen Sie die Kenntnisse eines Profis. Denn Ihre Homepage oder Fanpage muss sitzen. Im Web sollte Ihr Talent hervorstechen. Und mit einer entsprechenden Optimierung für Suchmaschinen bringen Sie Ihre Seite ganz hoch. So werden Fachleute auf Sie aufmerksam und kommen automatisch auf Sie zu. Weil manchmal der Weg auch über Protegieren geht, nutzen Sie den Kontakt zu Förderern, suchen Sie deren Nähe. Das kann nie verkehrt sein. Und denken Sie immer an **„Vitamin B"**. Schaffen Sie sich gute Netzwerke, die Ihrer Karriere behilflich sind. Ja, arbeiten Sie gezielt daran mit dem Hintergedanken, sie für Ihre geplante Karriere einzusetzen. Kontakte schaden bekanntlich nur denen, die sie nicht haben. Sie sind ein entscheidender Baustein auf Ihrem Weg zum Star. In diesen Dingen müssen Sie abgebrüht sein und dürfen sich keine eigene Scham auferlegen. Andere machen es auch, und wenn Sie in dem „Haifischbecken Star-Karriere" nicht von anderen gefressen werden wollen, sind diese wichtigen Kontakte das Überlebens-Futter.

# Kapitel 13

## Positives Denken hilft Ihnen dabei

Schauen Sie sich die Stars von einst und heute an. Sie haben an Ihren Erfolg geglaubt. Wer ständig an sich selbst zweifelt, wird es auch nicht schaffen. Mit der **Kraft positiver Gedanken** erreichen Sie fast alles im Leben – auch ein großer Star zu werden. Es wird Ihnen gelingen. Wer positiv denkend durchs Leben geht, kann alles erreichen. „Ja, ich will Star werden!" Erkenne das Negative, dass Dich täglich runter zieht, stelle es ab. Es gibt zahlreiche Beispiele dafür, wie das in der Praxis aussehen kann. Sie haben zum Beispiel eine Traumfrau entdeckt, die Sie erobern möchten. Stellen Sie sich einfach vor, Sie hätten Sie bereits. Decken Sie den Tisch für zwei, sprechen Sie jeden Morgen mit ihr so, als säße sie bereits neben Ihnen. Dann fällt es Ihnen nämlich leichter, ihr tatsächlich zu begegnen – unverkrampft und natürlich. Die Kraft positiver Gedanken erreicht es hierbei, dass Sie mit der Einbildung ihrer Nähe eine solche Power entwickeln, die quasi Energieströme aussendet, mit der Sie diese Frau für sich gewinnen. Umgekehrt müssen Sie sich von allem befreien, was negative Gefühle bei Ihnen auslöst. Wenn Sie Probleme mit Geld oder nervigen Mitmenschen haben, trennen Sie sich von Ihnen oder finden Sie ein anderes Verhältnis zu Geld zum Beispiel. Akzeptieren Sie berechtigte Rechnungen und ärgern sich nicht ständig darüber. Das Negative muss aus Ihrem Leben verschwinden, dann werden Sie auch ein ganz anderer Mensch. Mit dieser Kraft gehen Sie auch ganz anders an Ihre Karriere-Planung heran.

Dann setzen Sie noch etwas **Autosuggestion** ein, mit der Sie neue Botschaften an Ihr Unterbewusstsein senden, sich quasi auf Star trimmen. Sie müssen sich sozusagen ein Star-Gen implantieren, indem Sie sich selbst permanent einreden „Ja ich werde ein berühmter Star!" – „Ja ich habe das Zeug zur Karriere!" – „Ich schaffe es locker, vor Publikum zu überzeugen!" Reden Sie sich das so lange ein, bis es Ihr Unterbewusstsein angenommen hat. Dann wird Ihre Karriereplanung viel leichter, weil Sie eben mental schon auf Star getrimmt sind.

# Schlusswort

Heutzutage ist es wesentlich einfacher, eine Karriere zu starten. Sie haben mehr und effektivere Instrumente in der Hand. Als man Telefon, Fernsehen und Internet noch nicht kannte, war es wirklich mühsam. Heute jagen Sie Botschaften sekundenschnell rund um den Globus. Sie erreichen mit einem Klick Millionen Menschen. Wer ein echtes Talent hat, kann es heute zu etwas bringen. Auch Sie schaffen das! Nur Mut müssen Sie mitbringen. Überwinden Sie beispielsweise Ihre Scheu, vor Menschen aufzutreten. Sie wissen doch, dass Sie etwas können und Experte in Ihrem Talent sind. Da macht Ihnen so leicht keiner etwas vor. Also treten Sie selbstbewusst auf. Legen Sie das Lampenfieber und Nervosität ab. Eigentlich ist es nur das, was Sie beherrschen müssen. Für das Verfeinern Ihres Talents zum Star gibt es zahlreiche Tricks, die Sie nur anwenden müssen. Und selbst den Mut können Sie trainieren, indem Sie z.B. als angehender Sänger in der Ihnen bekannten Familie vorsingen. Das ist Ihr erstes Publikum. Dazu lernen Sie mit der Zeit in jedem Auftritt mehr dazu, gewinnen Professionalität, Selbstbewusstsein und entwickeln Ihre eigenen Tricks – etwa zu Beginn eines Auftritts auf der Bühne einen ganz bestimmten Punkt zu suchen und Ihre Blicke genau darauf zu richten. Lassen Sie sich durch Zwischenrufe nie irritieren, ziehen Sie Ihre Show durch. So gewinnen Sie immer mehr Selbstsicherheit – bis Sie völlig cool jeden Auftritt meistern. Schauen Sie sich mal alte Auftritte heute bekannter Moderatoren und Showmaster an. Wie holprig und verängstigt wirkten sie anfangs und wie locker treten

Sie heute auf! Denken Sie immer daran: Sie wachsen auch mit Ihrer Karriere.

Wir Menschen entwickeln uns ein Leben lang fort: Im persönlichen Habitus, im Beruf und in der Familie. Wir sind eigentlich nie fertig. Das Leben ist in einem ständigen Fluss, und je häufiger Sie als Star auf der Bühne auftreten oder Spitzendiplomat verhandeln, um Sie professioneller werden Sie.

**Ich wünsche Ihnen viel Erfolg und gutes Gelingen bei Ihrer Star-Karriere!**